藏在经典名著里的

趣味阅读课

万谷童书 编

星筠兔 绘

聊斋志异里的秘密

奇谈篇

延边教育出版社
YANBIAN EDUCATION PUBLISHING HOUSE

U0724105

编　　著：布谷童书
本册主编：蔡　　静
绘　　者：星筠兔
责任编辑：于鸿梅

图书在版编目（ＣＩＰ）数据

聊斋志异里的秘密. 奇谈篇 / 布谷童书编 ; 星筠兔

绘. -- 延吉 : 延边教育出版社, 2024.5

　　（藏在经典名著里的趣味阅读课）

　　ISBN 978-7-5724-3651-2

　　Ⅰ. ①聊… Ⅱ. ①布… ②星… Ⅲ. ①阅读课—中小

学—教学参考资料 Ⅳ. ①G634.333

　　中国国家版本馆CIP数据核字(2023)第237868号

聊斋志异里的秘密·奇谈篇

出版发行 延边教育出版社	
地　　址 吉林省延吉市长白山东路98号（133000）	
北京市海淀区苏州街18号院长远天地4号楼A1座1003（100080）	
电　　话 0433-2913940　010-82608550	**网　　址** https://www.ybep.com.cn/
传　　真 0433-2913971　010-82608856	**客　　服** QQ1697636346
印　　刷 天津中印联印务有限公司	**开　　本** 710毫米×1000毫米　1/16
印　　张 6.5	**字　　数** 87千字
版　　次 2024年5月第1版	**印　　次** 2024年5月第1次印刷
书　　号 ISBN 978-7-5724-3651-2	**定　　价** 36.00元

如印装质量有问题，本社负责调换

序言

　　孩子，你知道吗？你手里现在捧着的书，是一个自以为失败的人，为自己制作的"勋章"。

　　这本书的作者叫蒲松龄。蒲松龄，清朝人，字留仙，一字剑臣，号柳泉居士。蒲松龄出生在山东淄川（今山东淄博市淄川区）的一个小村庄。他的家族在淄川可是有名的书香门第，明朝万历年间，全县仅有八位秀才，其中六人都出自他的家族。然而，从他的祖父开始，家族中再没有人考中秀才，家道也开始衰落。直到蒲松龄降生，这才又给家族送来了希望。

　　1658年，十九岁的蒲松龄第一次参加县、府、道考试，以三个第一名的成绩考中了秀才。这样的"神开局"令他春风得意，觉得功名似乎唾手可得。

　　谁知他"出道即巅峰"，而"巅峰"只是一个"小土丘"。此后，他虽然为科举考试做了很多努力，却屡战屡败，屡败屡战，直到七十多岁的时候，才补了个贡生，算是得了个"安慰奖"。在这个过程中，蒲松龄一再面对希望破灭的折磨以及对自己的深深怀疑。

可世间的事就是这么难以预料，当初那些让蒲松龄羡慕、认为自己一生都难以望其项背的"科场幸运儿"，如今已没人记得他们的姓名了。而蒲松龄用来记载奇异事件的《聊斋志异》，却让他彪炳史册，留下了不朽的名声。

　　本套书精心选取了《聊斋志异》中的名篇佳作，依故事类型，分为《奇谈篇》《世态篇》《智慧篇》和《情感篇》四册。每个故事忠实于原著，并在其基础上进行恰到好处的改编与演绎，既保留了原著的精华，又剔除了其中的糟粕。作者以生动有趣的语言，将一个个情节精彩的小故事，活灵活现地呈现在小读者的面前。

　　《奇谈篇》共包含十个小故事：街头卖艺的父子去天上偷桃、兄弟深山砍柴遇巨蟒、采薇翁肚中藏兵器……这一个个充满想象力的故事，无不引人入胜。

　　《世态篇》共包含七个故事：叶生才高八斗却屡试不第，席方平闯进阎罗殿为父申冤，成名为了交纳上等蟋蟀倾家荡产……这些故事都展现了封建制度对人性的压迫与摧残，发人深省。

　　《智慧篇》收录了秀才因贪财而遭遇老狐仙的戏弄、道士与吝啬的卖梨人之间的趣事、眼盲复明的方栋、狼和屠夫之间的智勇较量等八个故事，每一个小故事都充满了趣味与智慧。

《情感篇》描绘了聂小倩的重情重义、婴宁的活泼天真、乔女的高尚品德、乔秀才的痴心不改以及宦娘的成人之美。这些动人的爱情故事，情感真挚，读来令人回味无穷。

读着这一篇篇"怪异"的故事，或许你将思考：什么是人性？人性是光明的，还是黑暗的？是勇敢的，还是懦弱的？……或许，你不愿意想这些深奥的话题，但读完这些"寥寥数语，聚散离合"的故事之后，你的心中会涌现出一种无法确指而又十分真切的情愫，它滋润你的内心，但又不能准确描述出来。这就是"美"。

让我们一起开启这场探寻"美"的阅读之旅吧！

目录
CONTENTS

偷桃

表演好了有赏钱！

古时候的济南，每到立春前一天，各行各业做生意的人都会敲锣打鼓地到衙门祝贺，这叫作"演春"。这天，一对父子要为大家表演上天偷桃的戏法。

古时候的济南府，有一个饶有趣味的风俗，那就是每年立春之前，城里各行各业做生意的人，都会吹吹打打聚集到布政司（明清两朝的地方行政机关）的衙门前庆贺新年的到来，每到那一天，大街上鼓乐震天，**人声鼎沸**，热闹非凡。

这一年立春的前一天，依旧如此。只见大家交头接耳，议论纷纷，猜测着今天会有什么好的表演节目。

这时，一个老头挑着担子，带着一个孩子从人群里挤了进来，准备为大家表演戏法助助兴。

衙役问他："你都会表演什么戏法？"

老头回答说："我什么都会，不过最拿手的，是能变出各种反季节的瓜果蔬菜。"

衙役请示了上司后，对老头说："我们大人说了，让你变出一些桃子来。"

> **人声鼎沸**
>
> 鼎沸是指锅里的水烧开了，发出了咕咕嘟嘟的响声。人声鼎沸意为很多人围拢在一起，声音吵吵嚷嚷，就像是炸开了锅一样。

老头听了，脸上露出为难的神色，说道："现在寒冬腊月的，去哪弄些桃子来呢？"

儿子也挠着头说："爹爹，答应了人家就要做到，我们再想想办法吧。"

老头故意歪着头思索半天，突然，他一拍大腿说："有办法了，人间虽然没有桃子，但是王母娘娘的蟠桃园中四季如春，桃子又大又甜，不过需要到天上去一趟。"

儿子顺着父亲的话说道："爹爹，你说得轻巧，天能像有台阶似的走上去吗？没梯子谁也没办法。"

老头却信心十足，只见他手脚麻利地从带来的箱子里取出一根几十丈长的绳子，然后将一头用力抛向空中。

绳子像是被什么东西牵引住一样，越升越高，眼看着伸到了云彩里，这时绳子也用完了，就那么直溜溜地从天上一直垂到地上。

老头看了看绳子，又看了看儿子，说道："儿子，我老了，爬不动了，今天你去天上偷桃子，不然咱俩就没办法交差了。"

儿子噘着嘴，不高兴地说："爹爹，你真是糊涂了！绳子这么细，万一我不小心掉下来，那可就没命了。"

见证奇迹的时刻到了。

去天上偷桃子！

老头脸一红，摸着孩子的头，对他说："勇敢一点，万一偷到了桃子，我们得到了赏钱，回头给你娶一个漂亮媳妇。"

围观的百姓发出一阵哄笑声，觉得这父子俩真是**见钱眼开**，连命都不要了。

儿子没有办法，只好听从父亲的安排，他抬抬胳膊，活动活动腿，热身之后，一把抓住绳子，手脚并用，比猴子还麻利，"嗖嗖嗖"地爬了上去，一会儿工夫就爬到了云彩里。

地上围观的人们纷纷仰起头，期待着奇迹的出现。

不一会儿，一个像碗口那么大的桃子从空中掉落了下来，老头笑眯眯地跑过去捡起来，交给了衙役，让他们转交给坐在堂上的官员们。堂上的官员看了半天，也不知道是真是假。

这时绳子突然断了，老头慌了，大喊道："不好了，天上的神仙把绳子割断了，我儿子可怎么办呀？"

老头急得团团转，这时云彩里又掉下来一个东西，老头捡起来一看，竟然是儿子的头颅，他捧着头颅哀号着说："我可怜的儿子啊，你一定是被看桃子的神仙给杀了，都怪我呀！"

老头正哭得伤心，从天上又掉下来一只脚。紧接着，儿子的四肢和其他部位也都一个个掉了下来。

老头把儿子的残肢一一收拾起来，放进箱子里，盖上盖子，然后哭着说道："老汉我就这么一个儿子，谁承想今天为了给大家表演节目丢了性命，以后我可怎么活呀！"

老头说着，又来到堂前跪了下来，对坐在堂上的官员们请求说："大人，你们发发慈悲吧，赏老汉几个钱，我好回去把儿子给安葬了。"

堂上几名官员也替老头难过，就赏了很多钱给他。老头拿到钱后，不

接好了！

慌不忙地来到箱子前，用手拍着箱子说："儿子，大人们给赏钱了，你出来道个谢吧！"

老头话刚说完，箱盖就打开了，从里面跳出来一个孩子，正是刚才爬绳子的那个，围观的人们见了，都不由鼓掌喝彩，这戏法实在是让人大开眼界啊。

今天发财了！

微言大义

这个故事扣人心弦，环环相扣，引人入胜。与《聊斋志异》中众多鬼怪故事不同的是，它充满了浓郁的生活气息，读起来让人感觉这些情节都是作者的亲身经历，而非虚构出来的。这个故事也告诉我们，亲眼所见、亲耳所听，也并不一定是真的，面对事件时，我们一定要大胆假设，小心求证，切不能随意下定论。

童[1]时赴郡试[2]，值春节[3]。旧例，先一日，各行商贾，彩楼[4]鼓吹赴藩司，名曰"演春"。余从友人戏瞩[5]。

是日，游人如堵[6]。堂上四官皆赤衣，东西相向坐。时方稚，亦不解其何官，但闻人语哜嘈[7]，鼓吹聒耳。忽有一人，率披发童，荷担[8]而上，似有所白[9]。万声汹动，亦不闻为何语，但视堂上作笑声。即有青衣人大声命作剧[10]。其人应命方兴，问："作何剧？"堂上相顾数语。吏下，宣问所长。答言："能颠倒生物。"吏以白官。少顷复下，命取桃子。

注释

[1] 童：指未考中秀才之前。清代沿袭明朝的制度，无论年纪大小，从青少年到白头老翁，只要是去考试的都被称为童生。

[2] 郡试：又叫"童试"。明清时代读书人参加的科举考试。当时的童试，一共分为三个阶段：首先参加县试，录取后再去参加府试，最后参加院试，全部合格后就称作生员。文中指府试。郡，济南，当时淄川归济南府管辖。

③ 春节：古时以立春为春节。

④ 彩楼：用彩色绸帛搭成的棚架，主要用于喜庆场合。

⑤ 戏瞩：观看热闹。瞩，动词，看。

⑥ 堵：墙。形容人多。

⑦ 哜嘈：形容人声喧闹的样子。

⑧ 荷担：用担子挑着东西。

⑨ 白：陈述，说明。

⑩ 剧：这里是把戏、演出的意思。

译文

还没有考中秀才的时候，我前往济南参加考试，恰好赶上过春节。按照旧风俗，立春前一天，各行各业的商栈店铺，都要扎起五彩牌楼，敲锣打鼓地赶往藩司衙门去祝贺，这叫作"演春"。我也跟着朋友去凑热闹。

那一天，游人非常多，四面围得像一堵堵墙似的。只见衙门大堂上有四位身穿红色官服的官员，东西相对而坐。那时我年纪还小，也不清楚他们都是些什么官，只听得人声嘈杂，鼓乐喧天，震耳欲聋。忽然，有一个人带着一个披散着头发的小孩，挑着担子走上前来，跪倒在地好像说了几句话。只是人声鼎沸，也听不见他说了些什么，只见大堂上的人在笑，便有一个身穿青衣的人大声下令，让他表演戏法。那人答应一声站起来，问道："演什么戏法？"堂上的官员们商量了几句，派一个属吏下来问他擅长演哪些戏法。他回答说："我能变出不按季节时令生长的东西。" 属吏回到堂上禀报后，又走下来，说叫他表演取桃子。

科举考试的来历

科举考试，又称作科举考试制度，它的诞生经历了一个漫长的过程。在先秦时期，人才的选拔主要采取的是"世官制"，即世代为官，官吏拥有世袭官职的权力，以人的德行和才能为考核标准。

到了西汉时期，采取的是"察举制"，也即由地方长官在自己任职的地方考察，选取出合格人才，然后推荐给上级或朝廷，经过试用考核后再任命相应的官职。

国学大讲堂

金榜题名

到了魏晋南北朝时期，采取的是"九品中正制"，设立品评人才的中正官，由中正官根据考察对象的家世、道德、才能三个方面，将人才分为"上上、上中、上下、中上、中中、中下、下上、下中、下下"九个等级，并分别授予相应的官职。

科举制作为我国古代一项重要的人才选拔机制，是从隋朝时开始建立的，主要由朝廷高官推荐人才。进入唐朝后，科举制度日趋完善，打破了隋朝以前只有出身于世家大族才能做官的局面，改为不论门第出身，全凭个人的才能参加选拔考试的形式，考试合格者会授予相应的官职。除此之外，科目的增设对科举考试的发展也有着积极的进步意义。

戏法

父子二人引人入胜的"偷桃"戏法表演，令人叹为观止，那什么是戏法呢？

戏法是中国传统杂技艺术的一种，我国的戏法有着悠久的历史，是一种古老的民间艺术，早在汉朝时期，就已经有了吞刀、吐火等戏法节目的表演。

戏法表演者在表演的过程中，常常会借助一定的道具，如盆、碗、碟、勺、笼、箱、柜、刀等，然后配合以敏捷的手法，在精彩的表演过程中，造成观众视觉、听觉上的错觉，将虚幻的变化误以为真。

现代戏法一般被称作"魔术"，花样繁多，道具的种类也更加丰富，表演者超快的手法令人目不暇接，起到了良好的舞台艺术效果。直到今天，魔术表演依然有着深厚的群众基础，备受人们的欢迎。

请阅读下面文言文，完成各小题。

遂以绳授子，曰："持此可登。"子受绳有难色，怨曰："阿翁亦大愦（kuì）愦！如此一线之绳欲我附之以登万仞之高天倘中道断绝骸骨何存矣！"父又强呜拍之，曰："我已失口，悔无及。烦儿一行。儿勿苦，倘窃得来，必有百金赏，当为儿娶一美妇。"子乃持索，盘旋而上，手移足随，如蛛趁丝，渐入云霄，不可复见。

1. 解释文中下列词语或短语的含义。

愦愦（　　　　）　　　　万仞（　　　　）

呜拍之（　　　　）　　　　失口（　　　　）

2. 用分隔号 / 给画横线的文言文断句。

3. 找出这段文言文中的比喻句并翻译。

参考答案

1. 糊涂；万丈；抚拍哄劝他；出口答应

2. 如此一线之绳 / 欲我附之 / 以登万仞之高天 / 倘中道断绝 / 骸骨何存矣！

3. 手移足随，如蛛趁丝，渐入云霄，不可复见。

手挪动，脚跟随，就像蜘蛛在丝上攀行一样，渐渐地越爬越高，没入云霄看不见了。

蛇人

无情无义！

说谁呢？

自古以来，蛇在人们的心中总是带着恐怖和神秘的色彩。在我国的传统文化中，蛇的形象既有邪恶的一面，也有善良的一面。而在蒲松龄的这篇故事中，蛇的形象也不再是可怕的怪物，而是具有人性的生灵。

古时候，有一种耍蛇的职业，耍蛇人带着驯化的蛇**走南闯北**，给大家表演节目。

以前河南濮（pú）阳这个地方，就有一个耍蛇人，他驯养了两条蛇，都是青色的，起名也粗暴简单，大的叫大青，小的叫二青。

走南闯北

走过南方、北方很多地方，后来比喻为闯荡社会，见多识广。

二青除了个头小一点外，额头上还多了一个红点，聪明乖巧不说，当众表演时也格外卖力，为主人赚了很多钱，因此耍蛇人对二青的宠爱，超过了其他所有蛇。

快表演吧！

一年后，大青生病死了，二青少了一个搭档，因此情绪十分低落，耍蛇人就想给它找一个好朋友，不过一直没有时间去找。

一天晚上，耍蛇人在一座寺庙里休息。天亮后，打开竹箱，他发现二青不见了。

耍蛇人急坏了，他到处寻找，一边找一边呼喊："二青，你在哪儿？快出来吧，咱们该赶路了！"

可是任凭耍蛇人喊破了嗓子，二青却始终不见踪影。

之前，每到树林茂密、草丛繁盛的地方，耍蛇人都会把蛇放出去，等它们自由自在放松一番之后，自己就会回来。这次，耍蛇人仍旧将蛇放出去后等待二青自己回来，可是直到太阳升得很高，也没见二青半个影子。实在绝望了，他才**快快不乐**地离开了。

谁知没走几步，他就听见杂乱的草木丛中传来了"窸窸窣窣"的声响。他停下脚步惊奇地一看，是二青回来了。耍蛇人很高兴，就像宝物失而复得。再一看它后面，还跟着一条小蛇。

快快不乐

快快，不高兴的样子。形容心中很郁闷的样子。也作"快快不悦"。

"还以为你不辞而别了呢，这小伙伴是你想引荐给我的吗？"耍蛇人一边笑呵呵地说着，一边掏出食物喂给二青和小青蛇。

小青蛇胆小，虽然没有离开，但还是蜷着身子不敢吃。二青就像是一个小主人一样，它用嘴含着食物喂到小青蛇的嘴边，小青蛇这才慢慢接过来吃了下去。

吃饱了肚子后，小青蛇跟着二青进了竹箱，随着耍蛇人一起出发了。从此以后，二青与小青蛇结为"八拜之交"，一起为人们表演节目。两条蛇配合得无比默契，让耍蛇人赚了很多钱。

一般来说，耍蛇人会挑选长度不超过两尺的蛇来进行表演，因为体形较大的蛇不容易操控。然而二青的长度虽然超过了两尺，但是因为它驯

服，耍蛇人并没有马上换掉它。

又过了两三年，二青长得越来越大了，体长三尺多，它一躺进去竹箱就满了，于是耍蛇人决定忍痛割爱，把它放生。

这一天，耍蛇人来到了淄川县东边的大山里，这里草木丰茂，水源充足，非常适合蛇类的生存。耍蛇人拿出最好的食物喂二青，眼里含着泪对它说："二青，谢谢你这么多年陪伴我，现在我们就要分别了，以后这座大山就是你的家了，快走吧！祝福你！"

二青似乎听懂了耍蛇人的话语，它向前爬行了一段距离，不过又很快折返了回来，用头轻轻碰触着另外一个竹箱，小青蛇也在里面不安地开始乱动。

耍蛇人很快明白过来，他赶快打开竹箱，小青蛇一下子就蹿了出来。两条蛇交缠在一起，好像在和朋友分别一样，说着难分难舍的悄悄话。

过了不久，两条蛇竟然一起走了。耍蛇人本以为小青不会回来了，没想到，过了一会儿，小青却又独自回来，爬进竹箱里卧下了。

不知不觉又过了几年，小青也越来越大，表演起来很不方便了。后来，耍蛇人又找到一条蛇，也非常听话，但到底没小青那么出色。可这时候的小青，身体已经粗得像个小孩的胳膊了。

之前，二青待在山里，很多砍柴的人都见过它。过了几年，二青长得有好几尺长了。躯体像碗口一样，更为可怕的是，它动不动就出来追咬从这里经过的路人，吓得人们再也不敢从这里走了。

这一天，耍蛇人经过那个地方，突然，一条大蛇像狂风一样猛蹿了出来。耍蛇人魂都吓飞了，他转身就跑，可是人怎么能跑得过蛇呢？眼看着就快要被追上了，耍蛇人扭头看去，却发现背后的大青蛇额头上有一个硕大的红点。

"二青，是你吗？"耍蛇人几声惊呼，大青蛇也瞬间停下，它歪着头看着耍蛇人，思索了一会儿，然后一个飞跃，将身躯缠绕在了耍蛇人的身体上，它认出了曾经的主人，神态突然变得亲昵（nì）又可爱。

随后耍蛇人又放出小青蛇，两条蛇一相见，便立即紧紧地缠绕在一起，盘绕得像用蜜糖粘住了一样，很久才分开。

耍蛇人微笑着对两条蛇说："我早就想要放走小青蛇了，不过一直没机会，现在你们相遇了，就让小青蛇跟着你走吧！不过，二青你要记住，这里不缺少食物，你一定不要再伤害人了，切记切记！"

二青听懂了耍蛇人的话语，它像做错了事情的孩子，不好意思地低下了头。

从此以后，这一带又恢复了安宁，行人再也不用**提心吊胆**了。但再也没人见过那两条蛇。

提心吊胆

形容对事情不能放心，非常害怕。

记住，不要伤害人。

俺错了……

微言大义

　　二青是一条非常有灵性的蛇，它重情重义，而且知错能改。想一想，一个动物都能做到这些，但是现实生活中的一些人却有错不改，一意孤行，做出了很多伤天害理的事情，这些人的品行还不如一条蛇呢！

学古文

^{dà dǐ shé rén zhī nòng shé yě} ^{zhǐ yǐ èr chǐ wéi lǜ} ^{dà zé guò zhòng zhé biàn}
大抵蛇人之弄蛇①也，止以二尺为率②，大则过重，辄③便
^{gēng yì} ^{yuán èr qīng xùn} ^{gù wèi jù qì} ^{yòu èr sān nián cháng sān chǐ yú wò zé sì}
更易。缘二青驯，故未遽弃④。又二三年，长三尺馀，卧则笥⑤
^{wéi zhī mǎn suì jué qù zhī yí rì zhì zī yì dōng shān jiān sì yǐ měi ěr zhù ér}
为之满，遂决去之。一日，至淄邑东山间，饲以美饵，祝⑥而
^{zòng zhī jì qù qǐng zhī fù lái wān yán sì wài shé rén huī yuē qù zhī shì wú}
纵之。既去，顷⑦之复来，蜿蜒笥外。蛇人挥曰："去之！世无
^{bǎi nián bú sàn zhī yán cóng cǐ yǐn shēn dà gǔ bì qiě wéi shén lóng sì zhōng hé kě yǐ jiǔ jū}
百年不散之筵。从此隐身大谷，必且为神龙，笥中何可以久居
^{yě shé nǎi qù shé rén mù sòng zhī yǐ ér fù fǎn huī zhī bú qù yǐ shǒu chù sì}
也？"蛇乃去。蛇人目送之。已而复返，挥之不去，以首触笥。
^{xiǎo qīng zài zhōng yì zhèn zhèn ér dòng shé rén wù yuē dé wú yù bié xiǎo qīng yé nǎi fā}
小青在中，亦震震而动。蛇人悟曰："得毋欲别小青耶？"乃发
^{sì xiǎo qīng jìng chū yīn yǔ jiāo shǒu tǔ shé sì xiāng gào yǔ}
笥。小青径出，因与交首吐舌，似相告语。

注释

① 弄蛇：指耍蛇人玩蛇的表演。

② 率：标准。

③ 辄：立即。

④ 遽弃：马上丢弃，指扔掉二青。

⑤ 笥：古代一种竹做的箱子。

⑥ 祝：祈祷，祝福。

⑦ 顷：没多大一会儿。

译文

　　一般耍蛇人耍弄的蛇，不超过二尺，再大就太重了，就得更换一条。二青虽然超过了二尺，但因为它驯服，因此耍蛇人没有马上就换掉它。又过了两三年，二青体长已经三尺多了，它一躺进去竹箱就满了，耍蛇人决定把它放走。有一天，他走到淄川县的东山里，拿出最好的食物喂二青，对它祝祷一番后放它离开。二青走了以后，很快又回来了，蜿蜒爬绕在竹箱外边。耍蛇人挥手驱赶它说："走吧，人世间没有百年不散的筵席。你从此在深山大谷里藏身，将来肯定会成为神龙，小小的竹箱子里怎么可以久住呢？"二青这才离去。耍蛇人目送它远去。过了一会儿，二青又回来了，耍蛇人用手驱赶它，它也不肯离去，只是用头不断地触碰竹箱。小青也在里面不安地乱动。耍蛇人瞬间明白过来了，说："你是不是要和小青告别呀？"就打开了竹箱。小青一下子蹿了出来，二青和它头颈相交，频频吐舌，好像在互相嘱咐交谈。

八拜之交

在古代社会，好朋友之间常常会结拜为异姓兄弟，在历史典故中，还有着"八拜之交"的说法。

原来在古时候，人们彼此之间意气相投时，会举行结拜仪式，里面有着一整套的严格流程，如选取黄道吉日、斩鸡头、喝血酒、制作金兰谱等。那么为什么叫作"八拜之交"呢？这里面有着深厚的人文背景。

第一种称作知音之交。俞伯牙善于弹琴，只有钟子期能够欣赏他，理解他，这种高山流水遇知音的默契，是两人心灵上的高度相通。

第二种称为刎颈之交。讲的是廉颇与蔺相如之间的故事。两人为了赵国的安危，放下一切矛盾纠纷，一笑泯恩仇，坦诚以对，肝胆相照。

第三种称为胶漆之交。讲的是陈重和雷义两人之间深厚的友谊。陈重被举为孝廉，他认为雷义更合适，在他的坚持下，雷义的才能终于得到了上司的赏识。这种互相欣赏、共同进退的情谊，令人感动。

第四种称为鸡黍之交。讲的是范式和张劭（shào）二人之间的友情，虽然彼此相隔万里，但因为一句承诺，范式不远千里准时赴约，受到张劭杀鸡设宴的款待，这才是真正的友谊。

第五种称为舍命之交。讲的是左伯桃和羊角哀二人之间的故事，真正的友情，是为了朋友敢于两肋插刀，赴汤蹈火。

第六种称为生死之交。讲的是刘备、关羽、张飞三人的友情故事，他们在"桃园三结义"后，共患难，同富贵，始终不离不弃。

第七种称为管鲍之交。讲的是管仲与鲍叔牙的故事，鲍叔牙欣赏管仲的才华，时时处处维护他，为了成全对方甘愿倾尽全力。

　　第八种称为忘年之交。讲的是祢（mí）衡和孔融两人之间的友谊，他们两人虽然相差了很大的年龄，然而两人的友谊却超越了年龄的界限，彼此相互欣赏。

耍蛇

　　耍蛇，中国古代民间技艺之一。耍蛇人将蛇捕捉回来后，经过一段时间的训练，就可以当众表演。表演时，或用笛子，或以吹口哨的形式，以声音来引导蛇舞动身体。为了增强节目的趣味性，耍蛇人还会和蛇进行亲密的肢体互动，因此蛇的躯体不能过大，不然不利于节目的表演。

　　除中国古代民间有耍蛇技艺外，耍蛇在世界各地也是一项喜闻乐见的表演节目，如印度等。

1.请阅读下面文言文,完成各小题。

东郡某甲,以弄蛇为业。尝蓄驯蛇二,皆青色,其大者呼之大青,小曰二青。二青额有赤点,尤灵驯,盘旋无不如意。蛇人爱之,异于他蛇。期年,大青死,思补其缺,未暇遑也。一夜寄宿山寺。既明,启笥,二青亦渺,蛇人怅恨欲死。

(1)耍蛇人对哪条蛇更为宠爱?(   )

A. 大青   B. 二青   C. 大青和二青   D. 一视同仁

(2)解释文中下列词语或短语的含义。

蓄驯(   )   灵驯(   )

期年(   )   暇遑(   )

2.大家在读了《蛇人》这篇故事之后,对二青这条小青蛇是一个什么印象呢?

1.(1)B

(2)驯养;灵气而听话;过了一年;没时间顾得上

2. 二青聪明有灵性,重情重义,知错能改,是一条善解人意的好蛇。(言之有理即可)

我可不是吃素的!

斫蟒

蟒，蛇类的一种，力大无穷，捕食猎物时，它会用身体牢牢缠住对方，等到猎物无力挣扎时，就会慢慢将其整个吞进肚子里。如果一个人被巨蟒叼住，他能平安逃脱吗？

胡田村有一对兄弟，哥哥叫胡大，弟弟叫胡二，兄弟俩相依为命，以砍柴为生，砍下的木柴挑到集市上卖钱。

这天，胡二兴奋地对哥哥说："今天天气终于放晴了，我已经准备好了干粮，咱们现在就出发吧！"

最近连着下了几天雨，哥儿俩都非常焦急，所以天一放晴，哥哥和弟弟就背着砍柴的工具进山了。

高大的树木往往藏在深山老林里，哥儿俩为了能多砍点木柴，就顺路一直往山里走，不知不觉间来到了一处幽深的峡谷中。

哥儿俩停下脚步，向四周望去，只见得古木森森，流水潺潺，风景如画，真是一处避暑赏景的好地方。

哥儿俩一边打量着周围的美景，一边从身上卸下工具，准备寻找合适的地方干活。

这时，一条巨蟒悄悄地出现

在了他们身后。巨蟒的眼睛里闪烁着兴奋的光芒，一个多月都没有进食的它，早已饿得饥肠辘辘，现在看到这么大的一个"猎物"出现在它的眼前，激动得口水都快要流下来了。只见它慢慢调整身躯，做好了攻击的准备。

由于巨蟒身体的颜色和周围的环境非常相似，走在前面的哥哥没有发现危险，**猝不及防**就被巨蟒给一口咬住了。

猝不及防

事情发生得太过突然，没有任何的防备。

走在后面的弟弟吓呆了，长这么大，他还是第一次看到这么大的蟒蛇，身体都快有水桶粗细了，这时它正咬住哥哥，想要把他整个吞进肚子里。

一开始，弟弟吓得想要拔腿逃跑，但是他很快冷静了下来，他知道自己一旦逃走了，哥哥就再也无法获救了。

想到这里，弟弟又看到哥哥露在巨蟒嘴外面的身体在不停地挣扎着。兄弟情深，骨肉相连，为了救下哥哥，弟弟忘记了危险，他从腰间抽出砍柴的大斧头，瞪着血红的眼睛冲了上去，举起斧头便向巨蟒的头部狠狠地砍了下来。

巨蟒的头颅被斧头一连砍了好几下，虽然疼得它不停地甩着尾巴，不过它还是不愿松口，饿了这么久，好不容易到手的猎物，怎么能轻易吐出来呢？

这时，哥哥的头已经整个被巨蟒死死咬住，由于人的肩部太宽，巨蟒

一时半会儿还很难把哥哥整个吞下去。弟弟灵机一动，他扔掉斧头，双手牢牢抓住哥哥的两只脚，拼尽全力和巨蟒展开了争夺。

巨蟒头部受伤，又看到弟弟奋不顾身，知道今天美味的大餐是吃不成了，再拖延下去，或许自己的小命都会丢在这里，于是一松口，将胡大给吐了出来，然后一头扎进草丛中，消失不见了。

弟弟连忙一把抱住哥哥，大声喊道："哥哥你怎么样了？"胡大的头部由于在巨蟒的嘴里停留时间太长了，鼻子、耳朵都被对方的消化液给融化掉了，只剩下微弱的气息，什么话也说不出来了。

弟弟迅速将哥哥背起来，一口气跑回了村子里。

幸运的是，在大夫的精心治疗下，哥哥死里逃生，休养了大半年的时间终于康复了。但遗憾的是哥哥的鼻子和耳朵的地方，只剩下窟窿眼了。脸上也都是瘢（bān）痕。人们都说："那巨蟒没有吞吃胡大，就是被胡二的义气和德行所感动。"

哥哥，抵住！

微言大义

在生死关头，弟弟没有放弃哥哥独自逃生，而是凭借着自己的勇敢和智慧，将哥哥从死亡的边缘给救了下来，这就是伟大的亲情力量，感人至深。"兄弟同心，其利断金。"一个家庭内部如果能够和睦团结，齐心合力，就能战胜很多的困难和挑战。

原汁原味

学古文

胡田村胡姓者，兄弟采樵，深入幽谷。遇巨蟒，兄在前，为所吞，弟初骇欲奔，见兄被噬[1]，遂奋怒出樵斧，斫[2]蟒首。首伤而吞不已。然头虽已没，幸肩际不能下。弟急极无计，乃两手持兄足，力与蟒争，竟曳兄出。蟒亦负痛去。视兄，则鼻耳俱化，奄将气尽[3]。肩负以行，途中凡十馀息[4]，始至家。医养半年，方愈。

注释

[1] 噬：吞掉。

[2] 斫：用斧子砍。

[3] 奄将气尽：形容气息微弱的样子，快要死去了。奄，气息奄奄，上气不接下气。

[4] 息：停下来休息。

　　胡田村有家姓胡的，兄弟两人砍柴，走到了一个幽深的山谷里。他们遇见了一条大蟒蛇，哥哥走在前面，被大蟒蛇咬住。弟弟一开始吓得想要逃跑，看到哥哥被蟒蛇吞咬，当即愤怒地拔出砍柴斧子，向大蟒蛇的头砍去。大蟒蛇虽然头部受了伤却还是不停地吞吃。眼看哥哥的头已经被蟒蛇吞下去了，所幸双肩卡在蟒蛇嘴边吞不下去。弟弟万分焦急却又没有其他好办法，就两手抓住哥哥的双脚，用力同蟒相争，竟然把哥哥拉了出来。蟒蛇也带着伤痛逃走了。再一看哥哥，只见他的鼻子、耳朵都已经化掉，呼吸微弱，快要断气了。弟弟背起哥哥往回走，一路上歇息了十几次，才背回家。请医生给医治，在家养了半年才好。

蟒蛇

蟒蛇，也叫蟒，属于蟒科，是一种大型的爬行动物。一般而言，成年蟒蛇的身长可以达到5米。从外观上看，蟒蛇的头部和背部有一道暗棕色的矛形斑，同时身体和背部以及两侧还有大片的镶黑边云豹状斑纹。

蟒蛇喜欢生活在热带、亚热带的山野丛林中，擅长攀爬，也善于游泳。它以肉食动物为主，在捕猎时，蟒蛇会先慢慢靠近猎物，等时机成熟后，突然发起攻击，敏捷地咬住猎物。如果猎物体型较小，它可以一口吞下；如果猎物体型较大，它会先用身体将对方缠绕窒息，然后再慢慢吞下。

蟒蛇的"菜单"包括山羊、鹿、麂、猪、鼠类、鸟类、爬行类以及两栖类等。蟒蛇的耐饿能力很强，吃饱后可以连续数月不用进食。蟒蛇的冬眠期一般为4~5个月。

古代大夫的称谓知多少

今天我们常常将大夫称呼为医生，那么在古代，大夫都有哪些称谓呢？

古时候，有病了看大夫，大夫在人们的心目中有着崇高的地位，我们今天就来了解一下大夫这个称谓的来历。

在宋代之前，人们一般根据医生的专科，会分别去称呼他们，比如治疗消化道疾病以及进行营养搭配的叫作食医，治疗内科疾病的叫作疾医，治疗外科、皮肤科、骨伤科等疾病的叫作疡（yáng）医，治疗牛、马等牲畜疾病的叫作兽医。

从唐宋时期开始，学堂开始开设医科，中国的医学发展逐步走上了正轨，这时掌管医疗事务的官员的数量也大幅度增加。宋朝时设立翰林医官院，并将翰林医官院的医官分为七级二十二种，如成全大夫、保安大夫、和安大夫、成和大夫等，从此以后，医生就被人们称作为大夫了，但因习俗不同，北方将医生叫作大夫，南方将医生叫作郎中。

当然，在皇宫里面，大夫还有太医和御医之分。太医主要是为皇帝和宫廷官员等人治病的；而御医主要是专门为皇帝及其宫廷亲属治病的，身份更为尊贵一些。

请阅读下面文言文，完成各小题。

视兄，则鼻耳俱化，奄将气尽。肩负以行，途中凡十馀息，始至家。医养半年，方愈。至今面目皆瘢痕，鼻耳处惟孔存焉。

嘻！农人中，乃有弟（tì）弟如此者哉！或言："蟒不为害，乃德义所感。"信然！

1. 弟弟将哥哥从蟒蛇的口中救出来，背着哥哥回家，中途他一共休息了几次呢？（　　　）

A. 五次　　　　B. 八次　　　　C. 二十次　　　　D. 十余次

2. 解释文中下列词语或短语的含义。

肩负（　　　　　）　　　　　瘢痕（　　　　　　　）

惟（　　　　　）　　　　　弟弟（　　　　　　　）

3. 把画横线的句子翻译成现代汉语。

参考答案

1. D

2. 用肩背起，背负；疤痕；只有；"悌弟"，意为弟能敬顺兄长

3. 啊！山野农夫当中，竟然有如此敬事兄长的弟弟！有人说："蟒蛇没有吞掉哥哥，是因为被弟弟的道德仁义所感动了。"真的是这样啊！

妖术

　　街头占卜、算卦的人主要是利用人们有所求的心理，让他们乖乖地被牵着鼻子走。大多数人选择破财消灾，求得心理上的安慰。但也有一些正直的人士不信邪，他们用智慧和勇气戳破了对方的谎言。

　　有个叫于公的人，年轻的时候特别讲义气，热爱拳脚功夫，他力气大得惊人，能用手抓起高壶（古代习武之人练臂力的器械，疑似壶铃），像旋风一样转起来。

　　明朝崇祯年间，于公来京城参加殿试，谁料刚一到地方，他的贴身仆人就因生病卧床不起，于公很是为他担心。这天于公出门散心，正好迎面遇到了一个算卦的，于公一时心血来潮，想上前替仆人测算一下吉凶祸福，可是还没等他张嘴，算卦人就先开口说道："这位壮士，你是想问仆人的病吗？"

　　于公听了，心里一惊，点头称是。

　　算卦人听了后，继续不慌不忙地说道："老夫掐指一算，你的仆人不碍事，请放心。不过倒是你很危险。"

　　算卦人说到这里，故意卖了个关子，停下来不说了。于公便请他给自己算一卦。

　　算卦人闭上眼睛，掐了一会儿手指头，这才睁开眼睛说："哎呀，大事不好，壮士你在三天之内必然会死去！"

　　于公一听，惊讶得半天说不出话来。但算卦人却从容地说："其实也没多大关系，壮士只要给我十两银子，老夫就可以帮你去祸消灾！"

　　于公听对方这么一说，反倒是冷静了下来，他心想：生死有命，十两银子就能让自己免去**血光之灾**，不用说，对方一定是一个江湖骗子。

　　想到这里，于公冷笑一声说："我看你无非就是为了挣几两银子花花，能有什么真本事呢？"说完，转身就准备离开。

血光之灾

比喻有重大凶险的事情发生。

江湖骗子！

壮士有血光之灾！

　　算卦人说道："是这几个小钱重要，还是你的性命重要？壮士可别**因小失大**啊！到时后悔可就来不及了。"

因小失大

得到了小利益，却失去了更大的利益，形容捡了芝麻丢了西瓜，得不偿失。

　　于公的朋友们都很担心，纷纷劝说于公，希望他能拿出自己的所有钱，请算卦人为他消灾。但于公完全不听。

　　一晃到了算卦人说的第三天时间了，于公在旅馆里默默观察了一整天，都没发现什么异常。到了晚上，他关好门窗，点亮油灯，手扶剑坐在房间里。一直等到一更（约等于现在的 19 点到 21 点）天快结束了，还是没

有任何不对劲的地方。

他正打算上床休息，忽然间，一阵"窸窸窣窣"的声音从窗台处传来。

于公一下子惊醒了，他顺着声音望去，只见从窗户外面爬进一个小人，小人肩上还扛着一根长矛，对方动作迅速敏捷，从窗台上一跃而下，迎风一晃，竟然变得和成人一般大小，紧接着，他举起长矛，向于公狠狠刺来。

于公**临危不惧**，挥剑砍去，几个来回，就把对方杀得连连后退。小人一看大事不妙，慌忙重新变小，试图从窗户的缝隙中逃走。

> **临危不惧**
>
> 遇到危险没有害怕的意思，沉着冷静地周旋应对。

于公再次上前，拿剑用力一砍，那小人就倒地不起了。于公用灯一照，原来是个小纸人，已被拦腰砍断。

于公这次不敢松懈了，他擦了擦头上的汗水，知道幕后主使可能不会轻易放过自己，于是就打起精神坐着等待。

果然，没过多大一会儿，又一个面目狰狞、像恶鬼一样的怪物从窗户的缝隙中冲了过来。怪物刚一落地，于公就赶紧冲上前，一下子把它砍成两截，怪物就在地上扭来扭去。于公怕它又活过来，于是又连续猛砍，每一剑都砍得准准的，还发出清脆的声音。仔细一瞧，原来是个土做的偶人，已经被砍得支离破碎。

看来幕后的主使今天非要结果他的性命不可，于公继续坐到窗下，注视着窗缝。

这一次，过了好长时间都没有动静，正当于公认为平安无事的时候，屋外传来了类似牛喘气的声音，有个怪物在用力推动窗棂，窗框、墙壁都被震得不停摇晃，好像马上要被推倒了。于公担心自己被砸死，就猛地打开门闩，冲了出去。

只见院子里，一个比房檐还高的恶鬼恶狠狠地盯着于公。在昏暗的月光下，它脸黑得像煤炭，眼睛发着黄光，上半身裸着，两脚没穿鞋，手里拿着弓，腰上别着箭。

正当于公还在惊叹之中，只见那鬼已经放箭过来了。于公敏捷地用剑拨打飞过来的箭，箭都落在了地上。他正准备还击，结果大鬼又拉弓射箭。于公赶紧躲开，箭穿透墙壁，发出颤动的声音。

恶鬼极其愤怒，大吼一声，又从身上抽出佩刀，挥舞得如同一阵风似的，向于公用力劈来。于公像猿猴一样灵敏地躲开，大鬼一刀砍在石头上，石头断成两段。打斗中，于公瞅准机会，钻到恶鬼的两腿中间，一剑砍中了恶鬼的脚踝，又一剑砍断了他的裙袍。恶鬼惨叫一声，轰然倒地，于公又上前一阵乱砍，发出的声音像木梆敲击声一样。于公用灯一照，原来是个木偶。这一番打斗下来，于公也累得筋疲力尽，如果不是他武艺高超，估计早就死在恶鬼的刀下了。

庆幸的是，一直到了天色大亮，再也没有什么怪物来骚扰于公了。联想事情的前因后果，这个时候于公也明白了，这一切的背后，肯定是那个算卦人搞的鬼。所以天一亮，怒气冲冲的于公就喊上朋友，打算上街找那个算卦人问个清楚。

算卦人远远看到于公一群人走了过来，连忙念动口诀，一转身就凭空

消失不见了。

于公的一位朋友见状，就悄悄对于公说："这家伙会隐身术，用狗血泼他就能破解。"

于公回去后，准备了一大盆狗血，随后重新来找对方算账。算卦人一看于公又来了，便继续**故伎重施**，没想到这次于公早有应对的办法，一盆狗血冲着他站着的地方泼了下来，算卦人**原形毕露**，头上和脸上一片狗血淋漓，眼睛一闪一闪的，就像个鬼一样站在那儿。

故伎重施
指一个人将自己的老花招或老手法，又重新施展一次。

原形毕露
意思是指一个人的本来面目被完全暴露出来，比喻对方的伪装被彻底揭开。

于公把算卦人押送到衙门里，衙门里的官员听说算卦人用妖术害人，问明了情况，直接将他处以死刑。

微言大义

算卦人之所以要派鬼怪去害于公，是因为他要借于公的死来证明自己算卦准，从而让大家都来找他算卦，这样就能骗到更多钱。这则故事告诉我们，在面临困难时，应当寻求正确的渠道解决，求神问卜等不正当途径，只会让自己陷入更大的危险。

原汁原味 学古文

既至，未言，卜者曰："君莫欲问仆病乎？"公骇应之。曰："病者无害，君可危。"公乃自卜。卜者起卦，愕然曰："君三日当死！"公惊诧良久。卜者从容曰："鄙人①有小术，报②我十金，当代禳③之。"公自念，生死已定，术岂能解？不应而起，欲出。卜者曰："惜此小费，勿悔勿悔！"爱公者皆为公惧，劝罄橐④以哀之。公不听。

注释

① 鄙人：人称代词"我"，这里是一种自谦词。

② 报：酬劳，报酬。

③ 禳：消去灾难。

④ 罄橐：倾囊，倾其所有。罄：完，尽。橐：也就是口袋。

于公来到算命人的跟前，还没有开口，算命人就说："你大概是想来问问仆人的病吧？"于公吃惊地点头称是。算命人又说："病人倒没什么危险，而你却很危险！"于公就请他给自己算命。算命人起了卦以后，惊愕地说："你在三天之内一定会死。"于公惊诧了半天。算命人从容地说："我有个小法术，酬劳我十两银子，就可以帮你消灾。"于公暗自思索，人的生死都是命中注定的，法术怎么能够解除？于是，他没有搭理算命人，站起身要离开。算命人说道："舍不得这几个小钱，不要后悔！不要后悔！"于公的好朋友都为他担心，劝他拿出自己所有的钱，去哀求算命人帮他解脱灾难。于公不听。

殿试背后的故事

于公来到京城参加殿试，那什么是殿试呢？

殿试，又叫作御试、廷试、廷对，是唐、宋、元、明、清时期科举考试选拔人才的主要方式之一，也就是由皇帝亲自主持，考察那些通过会试的考生们。古时的科举考试从县试开始，经过府试、院试、乡试、会试，最后才是殿试。

殿试最早开始于唐朝武则天时期，正式确立于宋代，从此逐渐成为历朝历代相沿成习的规定。明清时期殿试后一甲三名赐进士及第，分别称作状元、榜眼、探花；二甲赐进士出身；三甲赐同进士出身。二、三甲第一名皆称传胪（lú）。

殿试结束后，状元一般授翰林院修撰的职务，榜眼、探花授翰林院编修；其他进士按照殿试、朝考的名次，分别授予庶吉士、主事、中书、行人、评事、博士、推官、知州、知县等官职。

殿试的环节都有哪些？

以明清时期的殿试为例，应试者从黎明时分开始进入皇宫，经过点名、散卷、赞拜、行礼等礼节后，由相关人员颁发考试试题。答卷时，书写方面有一定的格式要求和字数限制，对考生的书写也特别重视，书法必须用正体，也就是"院体""馆阁体"，字体要方正饱满，很多时候，如果考生的书法好，将会在同等的文章中占有更多的优势。

算卦

算卦，在古代又被叫作占卜，是民间一种预测命运的方法。古时候，人们的知识文化水平不高，有一些文化人，就充分利用人们的迷信心理，在如甲骨、铜钱、蓍（shī）草等一定道具的辅助下，对人的命运进行推演计算，从而为自己赚取收入。

在算卦的时候，预测的主要方式一般有看相、摸骨、四柱命相、六柱风水预测等。那么算卦起源于何时呢？

我们在看《封神演义》时会发现，书中的周文王动不动就起一卦，以预测吉凶祸福。原来周文王在被纣王囚禁在羑（yǒu）里时，从《周易》一书中得到启发，总结出了一套预测人或事的规律和方法，这就是古人早期用卦象推演事物发展的实践运用。

请阅读下面文言文，完成各小题。

倏忽至三日，公端坐旅舍，静以觇之，终日无恙。至夜，阖户挑灯，倚剑危坐。一漏向尽，更无死法。意欲就枕，忽闻窗隙窣窣有声。<u>急视之一小人荷戈入及地则高如人。</u>公捉剑起，急击之，飘忽未中。遂遽（jù）小，复寻窗隙，意欲遁去。<u>公疾斫之，应手而倒。烛之，则纸人，已腰断矣。</u>公不敢卧，又坐待之。逾时，一物穿窗入，怪狞如鬼。才及地，急击之，断而为两，皆蠕动。恐其复起，又连击之，剑剑皆中，其声不耎（ruǎn）。审视，则土偶，片片已碎。

1. 请为文中画线的句子断句。

2. 对下列句子中加点词的解释，不正确的一项是（   ）。

A. 阖户挑灯 阖：关闭   B. 公疾斫之 斫：砍

C. 烛之，则纸人 烛：燃烧   D. 意欲遁去 遁：逃跑

3. 把画波浪线的句子翻译成现代汉语。

参考答案

1. 急视之／一小人荷戈入／及地／则高如人

2. C

3. 于公再次赶上前去用力一砍，那小人应手而倒。于公用灯一照，原来是个纸人，已经被拦腰砍断了。

张老相公

俺是老鼋！

俺是老鳖！

鼋（yuán），生活在江河中最大的一类淡水鳖，外形与中华鳖相似，属夜行动物，白天隐于水中，呼吸时会浮出水面，常以伏击的方式捕食鱼、虾、蚬、螺等动物。大多数鼋性情温顺，不过也可能有个别大鼋兴风作浪，为害一方。下面的这个小故事讲述的就是一名勇敢的老者智除大鼋、为妻女报仇的精彩过程。

晋人张老相公家境富裕，膝下有一个貌美如花的宝贝女儿，对她爱若珍宝。

女儿长大后，到了婚配的年龄，张老相公亲自带着家人到江南，给女儿置办嫁妆，带着大家游玩。

这天，张老相公一家来到了江苏镇江金山寺附近。大船停靠在岸边后，张老相公对妻子说："夫人，我先过江看看情况，回来后咱们再一起出发。"

夫人点头答应了下来，张老相公又特意交代说："我走了之后，你们在船上如果饿了，不管吃什么，都一定要记住千万别不要去吃那些膻（shān）腥的食物。"

"为什么不能呢？"妻子不解地问。

张老相公回答说："我听说这里的大江中，潜伏着一条大鼋，这条大鼋鼻子尖，嘴巴馋，闻到香味它就会跳出来撞毁船只，还要吃掉船上的人，所以一定要小心！"

妻子听了，笑着说："说得怪吓人的，跟编故事一样，你就放心去吧，我都记住了。"

得到了妻子的保证，张老相公这才乘坐小船，过江去了。

张老相公走后不久，就到了吃午饭的时候，妻子早已把张老相公的嘱托忘在了**九霄云外**。煎炒烹炸，大鱼大肉，不到一个小时的时间，一顿丰盛的午餐就摆在了桌面上。

还没等大家坐下来吃饭，突然间，一股巨浪把船掀了个底朝天，张老相公的妻子和女儿全都沉入水里。

> **九霄云外**
>
> 指代在九重天的外面，主要用于比喻非常遥远的地方，或者是远得无影无踪。

来吃饭了！

什么味道？好香！

张老相公返回后，看到妻子、女儿都不见了，顿时觉得天崩地裂，难过不已。

他断定这是大鼋干的"好事"，于是弃船登岸，来到附近的金山寺打听情况。

金山寺的老和尚听了事情的经过，双手合十说："阿弥陀佛，施主，这大鼋太厉害了，我们都惹不起，平日里大家会宰羊杀猪，扔到江里供奉它。我劝你还是认命吧！"

张老相公听了这番话，表面上没有说话，但心中已然生出一计。

张老相公离开寺庙后，先是请来几名铁匠，在山腰上垒起土炉子，冶炼出了一块烧得红彤彤的、重一百多斤的铁疙瘩。然后他又搞清楚了鼋鱼精经常出没的位置，让两三个身强力壮的男子用大钳子把它夹住，然后扔到了江里。

大鼋兄弟，我来给你送好吃的了！

潜伏在江水下面的大鼋，听到江面传来"扑通"的声响，以为是和尚们又来投喂它了，高兴地从江里面一跃而起，顾不上咀嚼，一口将大铁疙瘩吞进了肚子里。

铁疙瘩下肚，大鼋才明白自己上当了，顿时觉得腹痛难忍，在江中上下翻滚，搅得江水四下翻腾。没多大一会儿，死去的大鼋就浮到水面上来了。

大鼋死了，金山附近来往的客商**奔走相告**，对张老相公感激涕零，并给他修建了一座祠堂，将他当作水神一样供奉起来。

微言大义

这个故事讲述了一位有勇有谋的张老相公不畏强暴、勇斗鼋怪的故事。张老相公不畏强权，有仇必报！面对这只大鼋，张老相公没有蛮横地与之争斗，反而使用计谋，利用大鼋看轻了被其欺压的百姓而习惯性地吞食百姓抛出的东西这一点反杀了它。这个故事告诉我们面对强敌，不一定要硬刚，而是可以智取。

张老相公，晋人。适①将嫁女，携眷至江南，躬市②奁妆③。舟抵金山④，张先渡江，嘱家人在舟，勿煿⑤膻腥。盖江中有鼋怪，闻香辄出，坏舟吞行人，为害已久。张去，家人忘之，炙肉舟中。忽巨浪覆舟，妻女皆没。张回棹，悼恨⑥欲死。因登金山谒⑦寺僧，询鼋之异，将以仇鼋。僧闻之，骇言："吾侪⑧日与习近，惧为祸殃，惟神明奉之，祈勿怒。时斩牲牢，投以半体，则跃吞而去。谁复能相仇哉！"张闻，顿思得计。

注释

❶ 适：正当，准备。

❷ 躬市：亲自前往购买。躬，亲自去。市，购买。

❸ 奁妆：嫁妆。奁，古时盛梳妆用品的匣子。

❹ 金山：山名，在今江苏镇江西北。山上有寺，即金山寺。

❺ 煿：煎炒的烹饪方式。

❻ 悼恨：哀伤后悔。

⑦谒：拜见。

⑧吾侪：吾辈，我们这些人。侪，辈。

译文

　　张老相公是山西人。他要嫁女儿，于是携带家眷前往江南，亲自张罗为女儿购置嫁妆。船走到镇江金山时，张老相公先渡江，并提前嘱咐家中人待在船中不要做膻腥的食物。这是因为江水里有只鼋鱼精，闻到香味就冒出水面，损坏船只，吞吃行人，为害的时间已经很长了。张老相公走后，家里人忘了嘱咐，在船上面烤肉吃。忽然一股巨浪把船掀了个底朝天，妻子女儿都沉入水里。张老相公驾船返回后，恼恨得不想活了。他登上金山拜见寺中僧人，询问鼋鱼精怪异之事，准备向鼋鱼精报仇。僧人听了后，害怕地说："我们天天守着这东西，惧怕惹上灾祸，只得像对待神明一样对待它，祈望它不要发怒。我们按时宰杀牲畜，割掉一半，投入江中，这时鼋鱼就会跃出水面，吞吃而去。哪有人还敢与它为敌呢！"张老相公听了这番话，突然心中生出一计。

045

鼋

鼋，是一种古老的动物，在2亿年前就出现在地球上了，因此它被称作"水中活化石。"它体形硕大，是我国淡水龟鳖类中体型最大的一种，可谓鳖中王者。今天，我们就来了解一下充满神奇色彩的鼋吧！

鼋身体椭圆而纵扁，体长一般为26～72厘米，重10～50千克，大的可达到1.2米以上，体重上百斤。它的背甲是椭圆形的，不凸出，周缘有宽厚的肉裙；头宽颈短，吻极短，头能完全缩回壳里，但四肢不能缩入壳内；体背褐黄，腹白。它的头和背部常有许多疣状突起，所以俗称癞头鼋、绿头龟、蓝团头、沙鳖等。它的模样跟我们常见的鳖很像，但仔细看就能发现差别。鳖的吻是尖而长的，而鼋的吻是尖而短的，而且长度不及眼睛直径的一半。在中国古代很多小说里，鼋可是扮演了"坏蛋"的角色。但其实，在一般情况下，鼋是很温顺的，且有点胆小。据传明代的朱元璋与敌人血战时，就曾因鼋的搭救而得以逃生。

鼋曾广泛分布于东南亚及我国长江以南的江、浙、广东、广西、海南、云南及福建等地的水清、流缓的深水江河里，但随着生存环境的不断恶化，再加上人为的捕捞，到了今天，鼋的数量已经非常稀少了。过去二十年里，我国只在浙江瓯（ōu）江、广东绥（suí）江和云南澜沧江等地发现少量野生鼋，其他地方基本上已经灭绝。因此，鼋又被称为"水中大熊猫"。

山西为什么简称为"晋"?

晋，是山西的简称。那么山西为什么会被称作"晋"呢？这还要从西周时期说起。相传西周时期，周天子大封诸侯，其中王室成员唐叔虞被封在了山西一带，国号为唐。唐叔虞去世后，他的儿子将国号改为晋，这就是晋国的来源。

晋国建立后，经过几百年的发展，实力逐步壮大，在晋文公时期，还一度成为"春秋五霸"之一，是当时非常有实力的大国。在晋国实力最为强盛的时候，其管辖范围包括今天山西省的大部分地区，外加陕西、河北、河南的一部分地区。因为晋国的主要势力范围在山西境内，存在时间长，影响力也非常大，所以慢慢地人们就将山西简称为"晋"。

金山寺

故事中，有一个非常重要的地点，名为金山寺，金山寺今天还存在吗？

答案是肯定的。金山寺，位于今天江苏省镇江市润州区金山路。东晋明帝时期（公元322年—公元325年），寺庙开始修建，称为"泽心寺"；唐朝时期，皇帝曾赐名为"金山寺"；据说因为唐真宗梦游金山，于是就又赐名为"龙游寺"。清康熙时，又改称"江山禅寺"，通称"金山寺"。金山寺历史悠久，作为中国佛教禅宗名寺，和普陀寺、文殊寺、大明寺并列为中国的"四大名寺"。

关于金山寺，最为大家熟知的是它是神话故事《白蛇传》中所指代的那座寺庙，故事中的"水漫金山"就发生在这里。

1. 请阅读下面文言文，完成各小题。

张闻，顿思得计。便招铁工，起炉山半，冶赤铁，重百馀斤。审知所常伏处，使二三健男子，以大钳举投之。鼋跃出，疾吞而下。少时，波涌如山。顷之，浪息，则鼋死已浮水上矣。行旅寺僧并快之，建张老相公祠，肖像其中，以为水神，祷之辄应。

（1）张老相公让炼铁的工匠，炼出了多重的赤铁呢？（　　　）

A. 二百余斤　　　　　　B. 三百余斤

C. 八十斤　　　　　　　D. 一百余斤

（2）解释文中下列词语或短语的含义。

山半（　　　　　）　　　常伏（　　　　　　　）

快之（　　　　　）　　　肖像（　　　　　　　）

2. 从于公和大鼋争斗的故事中，请你讲一讲张老相公的性格特征。

参考答案

1.（1）D

　（2）半山腰；经常藏匿；高兴；张贴画像

2. 张老相公疾恶如仇，无畏凶险，富有智慧，细密有智；同时也深深爱着自己的妻女，所以才有勇气和大鼋斗智斗勇，最终杀死了它。（言之有理即可）

耳中人

是谁在说话啊？

耳朵里面能出来一个小人这样荒诞不经的事情，恐怕是只有那些痴迷打坐修炼、妄图长生不老的人才会出现的幻觉。这些人爱好道术，却在修炼时贪心太重，最后走火入魔竟然把自己给吓住了。

从前，有一个名叫谭晋玄的人，是县学里的生员。不知道从哪一天起，他迷上了练气功，说是练好了可以长生不老。

谭晋玄就像是着了魔一样，每天把自己关在屋子里，不管是严冬还是酷暑都坚持练功，从不间断。他一练就是好几个月，越练越上瘾，自己感觉也特别有收获。朋友喊他出去玩，他也全部拒绝了。

这天，谭晋玄又盘腿端坐，闭目养神。突然，他似乎听到耳边有微小的说话声，像苍蝇叫一样。仔细听来，说的是："可以出来了。"

"谁呀？"谭晋玄惊奇地睁开眼睛四处查看，却发现屋子里面空空荡荡，就他一个人。

谭晋玄晃晃脑袋，还以为自己夜里没睡好出现幻觉，就又闭上了眼睛。

没过多久，刚才微小的声音又从耳边传来："可以出来了。"

这一次，声音清清楚楚，谭晋玄不禁手舞足蹈，看来自己的气功已经修炼到了一定的境界，说不定自己所炼的内丹就要大功告成了。

想到这里，谭晋玄不由偷偷笑出了声，他决定如果再次听到这个声音，就要应答一下，看会如何？

可是一连好几天，那个声音再也没有出现，谭晋玄开始有点**坐卧不宁**，不知道究竟是哪里出了问题。

终于有一天，谭晋玄的耳边终于又传来那个微小的声音："可以出来了。"

谭晋玄高兴坏了，轻声答道："可以出来了！"他的话音刚落，就感觉耳朵里又痛又痒，似乎有什么东西正用力往外爬。

坐卧不宁

形容一个人坐着或躺着都不能安静下来，也常用来比喻人因为心绪烦躁等原因，久久难以入睡。

谭晋玄微微斜着眼睛四下寻找，只见地上有一个三寸多高、样子特别丑的、像夜叉一样小人儿在地上转来转去。

这是什么怪物？谭晋玄瞪大眼睛，想和对方说话又不敢张口，只好先静静地看着。

这是什么东西？

你好！

这时，忽然传来敲门声。邻居在外面叫道："谭秀才在家吗？我来借个东西。"

敲门声惊动了那个小人儿，他一下子慌乱起来，四处转圈，像是一只找不到洞口的老鼠。

这时候，谭晋玄感觉晕晕乎乎的，灵魂就像出窍了一样，完全不知道小人儿跑到哪里去了。

从此之后，谭晋玄就变得疯癫起来，哭叫不休，家里面给他请医问药，治疗了大半年才渐渐有点好转。

微言大义

谭晋玄看到的耳中人真的存在吗？实际上，这一切都只不过是他的幻觉罢了，从他听到耳边发出声音开始，就已经走火入魔了。所以说，一个人最大的敌人其实就是他自己，贪念太重，做事时又三心二意，光想着尽快能达成目标，最后就只能自食其果了。

原汁原味

学古文

谭晋玄，邑诸生①也。笃信导引之术②，寒暑不辍③。行之数月，若有所得。一日，方趺坐④，闻耳中小语如蝇，曰："可以见矣。"开目即不复闻。合眸定息，又闻如故。谓⑤是丹将成，窃喜。自是每坐辄闻。因思俟其再言，当应以觇⑥之。一日，又言。乃微应曰："可以见矣。"俄觉耳中习习然，似有物出。

注释

① 诸生：本指在学儒生。明清时代，凡是经过考试被录取进入府、州、县学的生员，都叫作诸生，也常称作为秀才。

② 导引之术：我国古代静坐练习吐纳的一种强身除病的养生方法。

③ 辍：停止。

④ 趺坐：双腿盘膝端坐。

⑤ 谓：以为，认为。

⑥ 觇：偷偷地察看。

　　谭晋玄，是县学里的生员。他十分尊崇气功养生之术，不管是严冬还是酷暑都持之以恒练功，从不间断。这样练了几个月以后，自己感到好似有所收获。有一天，他正在盘腿打坐的时候，忽然听到耳朵中有苍蝇叫一样的细语声，说："可以出来了。"但是他一睁开眼睛，却又听不见了。等再闭上眼调理呼吸，就又听见同样的声音。他以为自己所炼的内丹就要大功告成了，心中暗自欢喜。从此后，他每次盘坐都能听到那说话声。于是想等到再有说话声时，自己应答一下看看会发生什么事情。一天，他又听到了耳中的说话声，就轻声答道："可以出来了。"不一会儿，他就觉得耳朵里似乎有风吹出东西来了。

气功

气功的概念和实践可以追溯到中国古代，它与道家、儒家、佛家等有密切关联，常被用于修身养性和提升身体健康。

气功是一种传统的保健、养生的锻炼方法。练习者要将注意力放在呼吸的调整、身体活动的调整以及意识的调整三个方面，通过长时间的练习，以达到强身健体、预防疾病、健身延年等目的。

在具体练习的时候，练习者主要以极限腹式呼吸为基础，强调重在对五脏六腑的锻炼，通过较为彻底的吐气和吸气动作，在一段时间的练习后，可以有效增强心肺功能和消化吸收功能，也能够让人的精神状态趋于平稳，达到平心静气的良好效果。

需要注意的是，有些人可能会误解气功，将其与杂耍或迷信混为一谈，但真正的气功是一种科学的身心锻炼方法。

什么是夜叉？

　　谭晋玄第一次看到的从他耳朵里出来的小人，对方相貌丑陋，好像神话传说中的夜叉一样，那么夜叉又是什么呢？

　　其实，夜叉是佛教经典中记载的一种形象丑恶的鬼，性情暴恶，会腾飞，能吃人，后来在佛陀的感召下，化身为护法之神。不过在民间传说中，夜叉又叫作夜叉鬼，多为"海怪"或"水鬼"一类的恶鬼形象，以人或牲畜为食物，受龙王管辖。

　　在我国诗文小说中，夜叉也常指丑恶之鬼，也常借用来比喻人物性格凶悍暴烈。

请阅读下面文言文，完成各小题。

微睨之，小人长三寸许，貌狞恶如夜叉状，旋转地上。心窃异之，姑凝神以观其变。忽有邻人假物，扣门而呼。<u>小人闻之，意张皇，绕屋而转，如鼠失窟。</u>

谭觉神魂俱失，不复知小人何所之矣。遂得颠疾，号叫不休，医药半年，始渐愈。

1. 谭晋玄得了癫狂病之后，休养了多长时间才有所好转？
（　　　）

A. 三个月　　　B. 半年　　　C. 一年　　　D. 二年

2. 解释文中下列词语或短语的含义。

微睨（　　　　　）　　　　假物（　　　　　）

张皇（　　　　　）　　　　号叫（　　　　　）

3. 把画横线的句子翻译成现代汉语。

参考答案

1. B

2. 微微斜着眼看；借东西；慌慌张张；哭叫

3. 小人儿听见了叩门声，十分惊慌，绕着屋子转起了圈儿，就像是一只找不到洞口的老鼠。

吴门画工

在古代，会画画是一门很实用的谋生技能。在没有照相机和摄影技术的那个时代，一个技术精湛的画家自然会受到大家的追捧。在这个故事中，一个不太有名气的画家凭什么可以在短短的几天时间里，就赚了几万两银子呢？

清朝时，苏州有一名画工，他特别喜欢听"八仙过海"的故事，尤其喜爱八仙里面的吕洞宾，闲暇之余，就在纸上画吕洞宾的形象，仿佛这个模样前世就已经刻在了他的脑海里，他多想能见一见吕洞宾啊！

这天画工出城办事，回来的路上，看到路边一群乞丐正围坐在一起喝酒，一个个喝得满脸通红，**猜枚**划拳，非常热闹。

猜枚
中国民间在饮酒的时候一种助兴取乐的趣味游戏。

画工无意中看了一眼，一下子愣住了。原来在这群乞丐里面，有一张熟悉的面孔，这不就是他日思夜想的吕洞宾吗？

仔细端详后，画工觉得那就是吕洞宾，于是他上前拉住那名神似吕洞宾的人说："您是吕祖吕洞宾吗？今天可算是见到真人了，我不会是在做梦吧。"

那人听了之后，哈哈大笑，说道："吕洞宾是一名神仙，我是一个凡人，你肯定认错了！"

画工又仔细端详了一下，然后连连摇头，说："不可能，我几乎天天画你，绝对不会错。"说着，画工就地跪下，无论如何也不肯起来。

乞丐说："我就是吕祖，你要怎么样？"画师连忙叩头，想请他给自己指教一番。乞丐说："你能认出我来，可以说是有缘。然而这里并不是说话的地方，夜间我们再相见。"画师再要拦着问他，但转眼间已不知他的踪迹。画师只能惊叹着回到家中。

夜里画工入睡后，果然梦见了吕洞宾，吕洞宾对他说道："我看在你心意诚恳的份上，晚上专程过来和你见一面。但是你本质上有贪婪吝啬的一面，不能成仙，这样吧，我让你先见一个人好了！"

说着，只见吕洞宾伸手指向空中，一个衣着华贵、光彩照人的美人从空中缓缓降落，画工的房间也顿时亮堂起来，周围的景物都能看得清清楚楚。

画工惊呆了，他张大嘴巴，一时间连话都说不出来了。

吕洞宾在一旁提醒画工说："你别发愣了，这女子是宫里的董娘娘，你仔细记住她。"

画工听了，赶忙睁大眼睛，仔细观察董娘娘的容貌特征，一一记在了心里头。

记住董娘娘的容貌。

"好了，时间到了，你大约也该记住了，我们有缘再会！"吕洞宾说完，一转身，就和那名女子消失不见了。

画工从梦中惊醒，他思索着梦中的场景，依旧百思不得其解，不过出于职业习惯，他连夜将梦中贵妇人的模样给画了下来，然后认真收藏到匣子里。

几年之后，画工来到京城游历。刚到京城，他就听到了一个悬赏优秀画家的消息。原来宫里面的董娘娘去世了，皇上伤心万分，想念妃子的他，就传旨征召画工入宫，谁能根据描述画出董爱妃的模样，便重重有赏。

听说有高额赏金，无数画家纷纷入宫，有人口授董娘娘相貌，画师们又在心中想象，可始终都画不像。一个个高高兴兴去，可又一个个**垂头丧气**回来。

这位画工心里一动，心想：难道这位董娘娘就是几年前在梦中见到的那位贵妇人吗？画工来不及多想，就把他早前的那张画像呈了上去。

皇上一看，这不就是我活生生的爱妃吗？眉目之间，太逼真了。

皇上一高兴，便立刻将这位画工封为**中书舍人**，但画工不愿意做官，于是皇帝就赏了他一万两金子。

这下子画工出名了，京城的达官贵人纷纷花大价钱请他给去世的亲人画肖像。画工只是凭空来画，但画出来的人物却都逼真至极。也就十几天的工夫，画工又赚了一万多两银子。

垂头丧气

事情失败了，或者是遇到了困难，从而导致心情极度低落、沮丧的样子。

中书舍人

明清时于内阁中的中书科，掌管书写诰敕、制诰等。

深得朕心！

微言大义

　　《吴门画工》讲述了一位对神仙生活充满向往的画工，他通过不懈的努力和对艺术的热爱，最终实现了自己的梦想，成为知名的人物。同时，这个故事也告诉了我们念念不忘，必有回响，只要我们对自己喜欢的事物一直坚持下去，一定会精诚所至，收获不错的结果。

原汁原味 学古文

吴门①画工某，忘其名。喜绘吕祖②，每想像而神会之，希幸一遇。虔结③在念，靡刻④不存。一日，值群丐饮郊郭⑤间，内一人敝衣露肘，而神采轩豁⑥。心忽动，疑为吕祖。谛视⑦觉愈确，遂捉其臂曰："君吕祖也。"丐者大笑。某坚执为是，伏拜不起。丐者曰："我即吕祖，汝将奈何？"某叩头，但祈指教。丐者曰："汝能相识，可谓有缘。然此处非语所，夜间当相见也。"再欲遮问，转盼已杳。骇叹而归。

注释

① 吴门：今江苏苏州为春秋时吴国国都，故别称吴门。

② 吕祖：八仙之中的吕洞宾。

③ 虔结：虔诚。

④ 靡刻：无时无刻。

⑤ 郭：城郊。

⑥ 轩豁：轩昂开朗，气宇不凡。

⑦ 谛视：仔细看。

　　苏州有一个画师，忘了他叫什么名字。他喜欢画吕洞宾，每每在想象中同吕洞宾神交，渴望有幸一遇。这个虔诚的念头凝结在心中，无时无刻不存在。一天，画师遇到一群乞丐在城郊饮酒，其中一人衣衫破烂露着两肘，可是气宇轩昂豁达。画师看到后心中一动，怀疑此人就是吕洞宾。仔细端详，越发感觉确凿无疑，于是他一下子抓住那人的胳膊说："您是吕祖啊。"乞丐大笑起来。画师坚持认为他是吕洞宾，伏下身来跪拜不肯起身。乞丐说："我就是吕祖，你要怎么样？"画师叩头，只求他指教。乞丐说："你能认出我来，也算是有缘。然而这里并不是说话的地方，夜间我们再相见。"画师还要拦着问他，转眼间已不知踪迹。画师惊叹着返回家中。

八仙过海

画工崇拜的吕洞宾，是古代神话故事中的"八仙"之一，那么八仙都有哪些人物呢？

八仙，是在中国民间传说中广为流传、有着深厚影响力的八位道教神仙。他们分别为铁拐李、汉钟离、张果老、吕洞宾、何仙姑、蓝采和、韩湘子、曹国舅。

"八仙过海"是八仙脍炙人口的故事之一，最早在明代杂剧《争玉板八仙过海》中出现。相传东海蓬莱仙岛牡丹盛开，白云仙长邀请八仙过来游玩。为了渡过东海，吕洞宾提议："我们既是神仙，今天就都不许坐船，各自施展本领过河。"

铁拐李用上了自己的法器葫芦，汉钟离用上了芭蕉扇，张果老骑着纸驴……大家纷纷施展自己的看家本领，横渡东海。

正所谓"八仙过海，各显神通。"比喻各有各的本领，各显各的身手。

八仙的举动，让海面变得波涛翻涌起来，龙宫的东海龙王就率领手下，来到海面和八仙发生了争执。在冲突中，蓝采和被带回龙宫，剩余的七仙大怒，便杀死了龙太子。东海龙王就联合北海、南海、西海三大龙王，和七仙斗法。最后还是南海观音菩萨出面调停，双方才停止了争斗。

猜枚

　　故事中，一群乞丐聚在一起，猜枚划拳，喝酒吃肉，热热闹闹。那什么是猜枚划拳呢？

　　猜枚是在饮酒的时候一种助兴取乐的趣味游戏，主要规则是一方将瓜子、莲子、黑白棋子等小的物品握在手心里，让另一方猜单双、数目以及颜色等，猜中者为胜，不用喝酒，猜错为输者，需要罚饮。

　　划拳也是猜枚的一种，又叫豁拳、猜枚、猜拳、拇战等，也是饮酒时的一种助兴游戏。主要规则是在饮酒的时候，两个人同时伸出手指，各说一个数，谁说出的数目和双方所伸手指数目相加起来的总数一致，谁就是胜利的一方，输的一方要喝酒。

　　划拳的叫法也有很多的规定，不同的地区有不同的叫法，主要以讨一个好彩头为标准。

请阅读下面文言文，完成各小题。

后数年，偶游于都。会董妃薨，上念其贤，将为肖像。诸工群集，口授心拟，终不能似。某忽触念梦中人，得无是耶？以图呈进。宫中传览，皆谓神肖。由是授官中书，辞不受，赐万金。于是名大噪。贵戚家争遗重币，乞为先人传影。但悬空摹写，罔不曲似。浃辰之间，累数巨万。

1. "辞不受，赐万金。"万金在古文中的解释正确的是（   ）。

A. 一万两黄金　　　　　　　B. 一千两黄金

C. 表示极多的钱财　　　　　D. 一万块金币

2. 解释文中下列词语或短语的含义。

得无是（　　　）　　　神肖（　　　）　　　传影（　　　）

3. 把画横线的句子翻译成现代汉语。

参考答案

1. C

2. 该不是；神似逼真；临摹画像

3. 富贵大家都争着用重金聘请他，为自己去世的先辈们画像。他只需凭空想象一阵，便无不画得形象逼真。

采薇翁

有这样一个人，他的肚子就像是一座武器宝库，要什么有什么，随取随用。他是身怀异能的高人，还是会变戏法的江湖骗子呢？

明朝末年，天下大乱，於陵的刘芝生趁机拉起了一支数万人的队伍，想要渡江投奔南明的福王。

这一天，一个敞衣露肚、肥胖的男人来到刘芝生的军营门前，吵着闹着要见一见刘芝生，说他能助刘芝生一臂之力。

刘芝生请这位胖男人进来，两人交谈一番，相谈甚欢。刘芝生问道："敢问先生尊姓大名。"胖男人说自己叫采薇翁。

刘芝生把采薇翁留下，让对方在自己手下做事，并送给对方一把刀。

采薇翁笑了笑，拍着大肚子说："我自己有兵器，不需要矛啊、戟啊这类兵器了。"

刘芝生打量了采薇翁一番，除了肚子特别大之外，浑身上下哪里看得出藏有兵器呢？

刘芝生于是问道："你的兵器在哪儿呢？我看你两手空空，什么也没有呀！"

采薇翁听了，伸手把衣服撩起来，把又肥又白的大肚子露了出来。刘芝生仔细一看，不由瞪大了眼睛。

原来采薇翁长了一个特别奇特的肚脐眼，大到可以轻轻松松放进去一枚鸡蛋，不仔细看，还以为他的肚子上长了一个黑窟窿呢！

采薇翁憋住气鼓起肚皮，同时肚脐眼也伴随着肚皮的隆起鼓了起来。紧接着，"刺啦"一声，只见一把剑柄从肚脐眼里露了出来。

采薇翁伸手抓住剑柄，很快便从肚子里抽出一把寒光闪闪的宝剑。

刘芝生惊讶地张大了嘴巴，他不敢相信眼前的一切，可是掐了掐大腿，发现并没有做梦，莫非对方是神仙吗？

好半天，刘芝生才反应过来，他瞅了瞅采薇翁的大肚子，迟疑地问道："有没有其他兵器了？"

采薇翁哈哈大笑起来，说道："我这个肚子就是武器库，什么兵器都有。"

刘芝生想了想说："你给我变出一副弓箭好不好？"

"没问题！"采薇翁大大咧咧地说着，一鼓肚子，又从肚子里抽出了一

真的什么兵器都有？

张雕花的弓，接着又有很多长箭也从他的肚皮里飞了出来。

"我能拿出来，也能收回去！"采薇翁说着便把剑插下肚脐中，所有的武器都不见了。

"太厉害了，今天我算是开眼了！"刘芝生彻底心服口服。

刘芝生觉得采薇翁很神奇，把他当作**座上宾**，和他同吃同住，十分尊敬他。有什么重要的事情也会和他一起商量着办。

采薇翁在刘芝生的军中留下来之后，他很快发现刘芝生手下的士兵军纪涣散，每到一处便烧杀抢掠，无恶不作。

> **座上宾**
>
> 席上受主人尊敬的客人，后来泛指受邀请且身份尊贵的客人。

采薇翁就找到刘芝生说："将军，我们应该严格约束部下，不能让他们胡作非为，不然用不了多久，不用敌人攻打我们，我们就不战自败了。"

刘芝生认为采薇翁说得没错，于是就让采薇翁负责巡查军纪，有违反军令者，杀无赦！

来人，把这些扰乱军纪的士兵统统杀掉！

饶命啊！

经过采薇翁的一番整顿，大军的军纪得到了极大改善。但仍有一些将领**目空一切**，骄纵不法，采薇翁知道后，就去他们的营队随意转一圈，等他回去时，这些将领的头颅竟然自己掉了下来，神秘地死了。

这下军营里上上下下都炸开了锅，众将士对采薇翁又恨又怕，一些将领就联合起来，在刘芝生面前搬弄是非，说："将军，采薇翁这家伙喜欢用妖术，这可不是一个好兆头啊！我们必须尽快除掉他，不然到时大家都性命不保。"

刘芝生耳根子软，他也怕哪天采薇翁不高兴，连他也杀了，于是就让大家想办法。

众人七嘴八舌，最后决定趁着采薇翁睡着的时候，一拥而上，将他杀死。

刘芝生点头答应，让人留意采薇翁的一举一动。中午时，有人过来禀报说采薇翁正在午睡，此时是动手的好时机。

事不宜迟，刘芝生就带着一群手下赶到了采薇翁的住处。远远就听到采薇翁躺在床上发出的震天响的呼噜声。

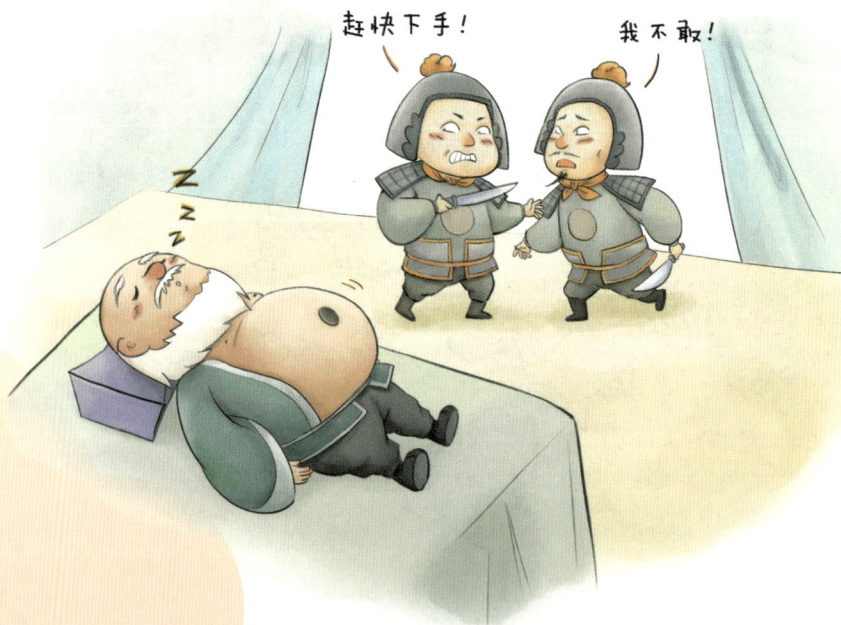

刘芝生使了一个眼色，两名将领提刀上前，一刀将采薇翁的头颅给砍了下来。

奇怪的是，当刀离开采薇翁的脖子时，他的头颅竟然又自动复原如初，一点伤也没有。而再看采薇翁，依旧呼呼大睡，鼾声打个不停。

这下大家都傻眼了，刘芝生也急得团团转，他手一挥，又上去十几个人，拿刀举剑，一齐砍向采薇翁的大肚子。

肚子倒是被大家给砍开了，不过一点血都没有，而且肚子里全是各种各样的兵器，一件件锋芒利刃，寒气逼人。

"见鬼了！"不知道谁吆喝了一声，围着采薇翁的人**一哄而散**，纷纷逃走了。

刘芝生额头上汗珠滚滚，他努力让自己镇静下来，然后指使身边的士兵用长矛试着拨动采薇翁肚子里的兵器。

突然，采薇翁肚子里射出好多飞箭，长箭乱飞，一时间死伤无数，大家吓得跑的跑，逃的逃，没有人再敢靠近采薇翁了。

过了好一会儿，大家一看没动静，这才又折返回来，不过采薇翁早就没了踪影。

一哄而散
形容聚集在一起的人一下子散开了。

微言大义

大千世界，无奇不有，采薇翁的神秘莫测令人叹为观止。他究竟是世外高人，还是掌握着异术的奇人异士，谁也不知道。不过他劝说刘芝生要爱护百姓，帮助他整顿军纪，惩罚飞扬跋扈的将领……他的做法和出发点毫无疑问是正确的，只是刘芝生听信谗言，采薇翁也知道刘芝生是"扶不起的阿斗"，于是选择了离开。

原汁原味

学古文

　　明鼎革①，干戈蜂起。於陵②刘芝生，聚众数万，将南渡。忽一肥男子诣③栅门，敝衣露腹，请见兵主④。刘延入与语，大悦之。问其姓字，自号采薇翁。刘留参帷幄，赠以刀。翁言："我自有利兵，无须矛戟。"问兵所在，翁乃捋衣露腹，脐大可容鸡子；忍气鼓之，忽脐中塞肤，嗤然，突出剑跗⑤；握而抽之，白刃如霜。刘大惊，问："止此乎？"笑指腹曰："此武库也，何所不有。"命取弓矢，又如前状，出雕弓一，略一闭息，则一矢飞堕，其出不穷。已而剑插脐中，既都不见。刘神之，与同寝处，敬礼甚备。

注释

❶ 鼎革：改朝换代。

❷ 於陵：古地名，今山东邹平境内。

❸ 诣：来到，到达。

❹ 兵主：主帅指代刘芝生。

❺ 剑跗：宝剑的木柄。

　　明朝覆灭的时候，到处都在打仗。於陵人刘芝生，聚集了数万人，准备渡江去南方。忽然有一名肥胖的男子来到兵营的栅门外，敞着衣襟露着肚腹，请求见主帅。刘芝生请他进来和他交谈，大为高兴。问他姓名，他自己说叫采薇翁。刘芝生把他留在军中担任参谋，赠给他一把刀。采薇翁说："我自己有兵器，不需要矛戟之类的东西。"问他兵器在什么地方，采薇翁撩起衣服露出肚子，肚脐眼大得可以容纳鸡蛋，他憋住气鼓起肚皮，忽然肚脐眼鼓了起来，"刺啦"一声冒出一把剑柄，握住一抽，白刃如霜。刘芝生大惊，问："只有这把剑吗？"采薇翁笑着指指肚子说："这就是武器库，要什么有什么。"让他取弓箭，他又像刚才那样，取出一把雕花的弓，略微屏气，又有一支箭飞坠地上，接着不停地往外飞箭。然后他把剑插入肚脐中，所有的武器都不见了。刘芝生觉得采薇翁很神奇，和他同吃同住，十分尊敬，款待备至。

明末农民大起义

明朝末年，社会动荡，天下大乱，崇祯皇帝登基后，很快便面临着一个内忧外患的局面。王朝内部，由于连年对百姓征收赋税，加上灾荒不断，饿殍遍地，终于引发了高迎祥、李自成、张献忠等率领的农民大起义，他们从各地起兵，相互配合，沉痛打击了明王朝的腐朽统治。王朝外，女真族首领努尔哈赤崛起后，建立后金政权。后金虎视眈眈，不断派兵袭扰明王朝的边境，令大明王朝不堪其扰。

在内外交困之下，明王朝独木难支。随着李自成率兵攻破北京城，明王朝宣告灭亡。明王朝灭亡后，把守山海关的吴三桂，因爱妾陈圆圆在北京城被李自成的部下占有，原本想要投降李自成的吴三桂，"冲冠一怒为红颜"，转头和清军联合起来，在击败了李自成的大军后，打开山海关放清军入关。

清军入关后，通过几年的时间，先后平定了各地农民起义军，建立了清王朝。清王朝建立初期，明王朝的宗室成员还在福建等地建立了小小的"南明政权"，不过最终都被一一消灭。

内忧 外患

中国古代兵器

中国古代兵器以其独特的设计和精湛的工艺，成为世界军事史

上的璀璨明珠。中国自古就有"十八般武艺"之说，泛指使用各种武术器械的功夫和技能。一般是指刀、枪、剑、戟、棍、棒、槊、镋、斧、钺、铲、钯、鞭、锏、锤、叉、戈、矛十八种兵器。今天，让我们一同走进这神秘的兵器世界，简单了解以下几种兵器的特点吧。

1.刀，九短之首，以劈砍为主要方式直取敌人性命，以雄浑、豪迈、挥如猛虎风格而驰名，为古代军队主要格斗兵器之一。

2.剑，早期是匕首式短剑，春秋末年，开始流行长剑。长剑出，短剑也不废。长剑便于战斗，短剑利于护身，还可以用于刺杀。

3.枪，被称为百兵之王，由利刃加棍棒组成的长柄刺击兵器，外形与矛相似，柄长于刃，综合威力大。

4.戟，始于商周，为戈与矛结合体，是中国古代特有兵器，战国常用戟之多寡形容一国军队战斗力强弱，故有持戟百万之说。

5.盾，是用来抵御的，有锥形、圆形、燕尾形和梯形盾等，后期还有藤牌，用藤制成的盾牌，具有轻盈的特点。

6.鞭，是中国古代的一种钝兵器，它是用铁做成的，有节，没有锋刃，有单双之分、软硬之别，还有九节鞭。

7.锏，与钢鞭有许多相似之处，锏长而无刃，有四棱，多双锏合用，属于短兵器，对马战上有利。

8.矛，类似长枪，但比长枪更长，真正意义上的长矛长度一般为5~6米，主要由步兵与骑兵使用，丈八矛较为出名。

请阅读下面文言文，完成各小题。

翁曰："<u>兵贵纪律今统数万之众而不能镇慑人心此败亡之道也</u>。"刘喜之，于是纠察卒伍，有掠取妇女财物者，枭以示众。军中稍肃，而终不能绝。翁不时乘马出，遨游部伍之间，而军中悍将骄卒，辄首自堕地，不知何因。

1. 解释文中下列词语或短语的含义。

镇慑（　　　）　　　稍肃（　　　）

遨游（　　　）　　　堕（　　　）

2. 用分隔号/给画横线的文言文断句并翻译。

参考答案

1. 震慑；稍微好转；巡视；掉落

2. 兵贵纪律/今统数万之众/而不能镇慑人心/此败亡之道也。

军队中重要的是纪律。如今，你统兵数万，但不能震慑住人心，这是自取败亡。

路见不平一声吼啊!

老饕

　　绿（lù）林好汉在大家心目中是一个什么样的印象呢？是不是像梁山好汉那样，每天大碗喝酒，大口吃肉，路见不平拔刀相助呢？这则故事讲述的就是一位绿林豪杰走上了邪路，在遇到真正的武林高手时又退隐江湖的曲折过程。

　　晋人邢德，是大家公认的绿林好汉。他力气很大，能够拉开很硬的弓，还会发连珠箭，这样的功夫在当时可是世上罕见的。

　　因为本领大，所以当地经商的那些人外出做生意时，总是喜欢邀请邢德同行。有了这样一个"贴身保镖"，一路上也会安全很多，至少不用担心被强盗抢掠。

　　和经商的朋友们一起外出时，邢德也顺带试着学习做生意，不过他运气不好，每次都把本钱赔得一干二净，这让邢德感到非常苦恼。

　　这年冬天，邢德又和朋友们一起进京贩卖货物，不出意料，这一次他又把老本给亏没了。垂头丧气的邢德单枪匹马地溜达着从京城出来，一边走一边唉声叹气。

　　不知不觉间，邢德走到了一家酒店附近，他翻身下马，信步走入店内，准备坐下来喝杯酒，歇歇脚。

酒店内，还有一个白头发的老头和两个少年围坐在一起喝酒。他们三人的旁边，站着一个黄头发的童仆，貌不惊人，正给三位主人斟酒布菜。

"哎呀，你怎么这么不小心，老是毛手毛脚的，真是笨死了。"

邢德顺着声音望去，原来是那名童仆不小心弄脏了白头发老头的衣服。其中一名少年一边用手揪着童仆的耳朵，一边用手帕给老头擦拭。

童仆不好意思地搓着手，尴尬地站着。这时邢德无意中发现，童仆的两根大拇指上，各套着一枚半寸来厚的铁箭环，看样子分量不轻。

不大一会儿，老头一行人吃完了饭。他们毫不避讳，当众将携带着的皮口袋打开，倒出里面的银子仔细数了数，核对好数目后，又重新装进了皮口袋里。

邢德一下子惊呆了，这么多钱，如果自己能抢到手，做买卖赔的钱不

数数咱们有多少银子？

要发财了！

就有着落了吗?

贪心一起,邢德什么都顾不上了,说干就干。他看到老头骑着一头瘸腿骡子,和童仆结伴而行,而那两名少年骑着马先行离开了。于是他就走小路,抄近道,跑在了老头的前面拦住了去路。邢德拉满了弦,怒视老头。

老头早就注意到了拦路抢劫的邢德,不过他不慌不忙,弯下腰脱下左脚的靴子后,这才对邢德说:"年轻人,你没听说过我老饕(tāo)的大名吗?"

邢德没有理会老饕,现在他的眼中只有那笔银子。只见他用力拉满弓,一箭向老饕射去。

老饕在骡背上一个倒卧,伸出左脚,两个脚趾张开,好像钳子般将长箭夹住,然后笑着说:"雕虫小技,竟敢在我面前**班门弄斧**。"

邢德听了,怒火万丈,他施展生平绝技 —— 连珠箭,一箭接着一箭向老饕射去。

老饕一伸手,抓住了第一支箭,没有提防第二支箭又到了,这一箭射到了老饕的嘴巴里,老饕从驴背上滚落到地上,躺着一动不动。

班门弄斧

比喻微不足道的技能,竟然敢在鲁班门前耍斧子,形容一个人没有多大的本领,不自量力。

关公面前耍大刀,不自量力!

邢德暗自高兴，觉得老饕中箭身亡，于是慢慢靠近老饕。没想到，突然间躺着的老饕一下跳起来，把箭矢吐了出来，拍着手说："壮士，初次见面，怎么就开这么大的玩笑呀？"

邢德目瞪口呆，大脑一片空白，这才知道遇上了高人。回过神的他吓得撒丫子就跑，唯恐跑慢了小命不保。

一口气跑出了三四十里路，邢德迎面遇上了一群官差，他上前就去抢，这一次终于得手，抢到了一千两左右的银子。

发财了，发财了！邢德高兴坏了，骑着马、哼着小曲向前不紧不慢地走去。

没走多远，后面追来了一个人，邢德一看，原来是跟随老饕的那名童仆。童仆冲着邢德大叫说："见一面分一半，这笔钱你不能独吞。"

邢德听了，都气笑了，心想一个其貌不扬的小仆人，就敢威胁自己，看来要好好教训教训他不可。邢德想到这里，取出弓箭，向对方一连射了三箭。

童仆伸出双手，很轻松地接住两支箭，张嘴又咬住一支，笑着说："连珠箭也不过如此，丢死人了，现在我就还给你。"

童仆说着，从大拇指上取下铁环，套上长箭，用手奋力一甩，只见长箭闪电一般向邢德射来。

邢德吓坏了，慌忙用弓想要拨开利箭，哪知道这支箭的力道太大了，先是铁环将邢德的弓弦震断了，接着长箭又射穿了邢德的耳朵。

邢德疼得从马背上摔了下来。童仆这时也跑到了他的跟前，伸手就去抢邢德身上的银子。

邢德拿起弓阻拦对方，却被对方一把夺了过来，几下折成了四段，扔在了地上。接着，童仆一脚踩住邢德，邢德觉得就像是**泰山压顶**一般，一点也动不了了。

泰山压顶

原意是指泰山压在自己的头上，常用来比喻遭遇到极大的压力或打击。

邢德腰间的带子有两层，三指宽，可是童仆只是轻轻一捏，就把带子给捏碎了，藏在袋子里的银子也被他拿走了很多。

这件事情之后，返回家乡的邢德成为一个安分守己的善人。他常常把这些遭遇讲给旁人听，毫不隐讳。

微言大义

"山外有山，人外有人。"邢德号称"连珠箭"，自以为已经非常了不起了，然而在老饕和他的童仆面前，他却连反抗的机会都没有。所以说，做人要始终保持谦虚低调的作风，懂得"谦受益，满招损"的道理，切不可狂妄自大。

学古文

邢窥多金，穷睛^①旁睨^②，馋焰若炙，辍^③饮，急尾之。视叟与僮犹款段^④于前，乃下道斜驰出叟前，紧衔关弓^⑤，怒相向。叟俯脱左足靴，微笑云："而不识得老饕也？"邢满引一矢去。叟仰卧鞍上，伸其足，开两指如箝，夹矢住。笑曰："技但止此，何须而翁手敌？"邢怒，出其绝技，一矢刚发，后矢继至。叟手掇一，似未防其连珠，后矢直贯其口^⑥，踣然而堕^⑦，衔矢僵眠。僮亦下。邢喜，谓其已毙，近临之。叟吐矢跃起，鼓掌曰："初会面，何便作此恶剧？"邢大惊，马亦骇逸。以此知叟异，不敢复返。

注释

① 穷睛：形容目光火辣直逼。

② 旁睨：从旁边偷看。

③ 辍：停止。

④ 款段：马儿走动迟缓从容的样子。

⑤ 紧衔关弓：勒住马，拉开弓。紧，拉紧马缰绳，让马停下来。关

弓，弯弓搭箭。

6 贯：穿入，射进。

7 踣然而堕：猛然一跌，堕落马下。

译文

　　邢德窥见他们有那么多银钱，斜着眼都看直了，一股贪婪的欲火烧炙着他。于是他放下酒杯，匆忙尾随他们而去。邢德看见老人和僮仆在前面慢慢地走着，就离开正路抄小路斜插着冲到老人面前，拉满弓弦，怒视着老人。老人弯腰脱下左脚的靴子，微笑着说："你不认识老饕吗？"邢德没有理会老饕，而是使劲拉满弓向他射去。老饕仰卧在马鞍上，伸出左脚，两个脚趾张开，好似钳子一样夹住了邢德射来的箭矢，笑着说："你就这么一点儿本事，还用得着你老子亲自上手吗？"邢德听后，心中大怒，施展出他的拿手绝技——连珠箭——前箭刚发，后箭应声而至。老饕伸手接住一支箭，好像根本没有料到他的连珠箭法似的，第二箭直接射入他的嘴里，只见猛然一跌，堕落马下，口中衔着箭头僵卧在地上。那僮仆也下了马。邢德心中窃喜，以为老饕中矢而死，便慢慢地走近老饕。突然间，僵卧着的老饕一跃而起，吐出箭矢，拍着手说："初次见面，怎么就开这么大的玩笑呀？"邢德大吃一惊，马也吓得撒腿狂奔。邢德这才知道老饕绝非等闲之辈，再也不敢回去了。

好汉们为什么叫绿林豪杰呢?

绿林豪杰,又被称作绿林好汉,是古代人对那些行侠仗义、打抱不平以及强盗等人的称呼。

绿林,并不是绿色的林子,其实在最初,绿林指的是一个地方,就是今天的湖北省当阳市东北一带。西汉末年,天下大乱,王莽篡(cuàn)位,建立新朝。他即位后,采取的统治政策和社会改革脱离了实际,引起了民众的强烈不满,从而导致了农民大起义的爆发。

在众多起义军中,有两支起义军实力最强,一支叫"赤眉军",起义人员将眉毛染成红色而得名;另一支叫"绿林军",首领是王匡、王凤等人,他们在绿林这个地方举起义军的大旗,反抗新朝王莽的统治,于是人们就称呼他们为"绿林军"。

虽然绿林军的起义最终失败了,但是从此之后,"绿林"的叫法却不胫而走。

古代弓箭知识

弓箭在古代是一种威力巨大的杀伤性武器,那么有关弓箭的知识有哪些呢?

最早的弓箭制作非常简单,用木棍或竹竿削成一定的长度,一端顶部削尖,就可以制成一支长箭;为了增加箭的射杀力,早期的人会将石片、骨或贝壳磨尖后安装在矢杆的一头,这种箭被称作石镞(zú)、骨镞或贝镞。

青铜器出现后,箭头就换成了铜质的材料。春秋时期,铁器普

及之后，铁箭头成为首选。古人在长期的实战中，为了提升长箭的射程和稳定性，要在箭尾装上尾羽，叫作箭羽，箭羽多使用鸟类的羽毛。

射箭时，为保护手指，人们又发明了箭镮（huán）。箭镮是一种戴在手上的扳指，又叫作决、抉或韘（shè）。在材料选取上，一般用动物的骨头制作而成，戴在右手拇指上，是拉弓射箭时的一种辅助用具，可防止手被弓弦割伤。

在长箭的"家族"中，强弩是威力特别大的一种。强弩是古代一种强力的连弩，力度大，射程远，杀伤力非常强。它的制作原理是一种用机栝发射的弓，在短时间内可数箭连发，射程和杀伤力远远超过了普通的弓。

除强弩外，还有一种连珠箭，相对于强弩来说，轻巧方便，更容易携带。

请阅读下面文言文，完成各小题。

会冬初，有二三估客，薄假以资，邀同贩鬻（yù），邢复自罄其囊，将并居货。有友善卜，因诣之。友占曰："此爻为'悔'，所操之业，即不母而子亦有损焉。"邢不乐，欲中止，而诸客强速之行。至都，果符所占。

1. 下列词语或短语解释不正确的一项是（　　　　）。

A. 薄假以资：借给少量资本

B. 自罄其襄：拿出自己所有的钱

C. 居货：购进货物，以待贩运

D. 此爻为"悔"：卦象显示会后悔

2. 解释文中下列词语或短语的含义。

估客（　　　　　）　　　诣（　　　　　）　　　贩鬻（　　　　　）

3. 把画横线的句子翻译成现代汉语。

参考答案

1. D

2. 商人；拜访，前往；贩卖货物

3. 正值初冬时节，有两三个商人借给邢德一点钱，邀请他一起去贩运，邢德也拿出自己所有的钱，准备做件大买卖。

小猎犬

你见过蚂蚁大小的小狗吗？而且这只小狗还能陪伴你，还能在夏季为你驱赶蚊蝇、臭虫，成为你的"小保镖"。谁不想拥有这样一只小宠物呢？

山西人卫周祚（zuò）大学士还是秀才的时候，厌烦家中事务的繁杂，为了能安安静静读书，他干脆住进了一座环境清幽的寺庙里。

寺庙里晨钟暮鼓，飞鸟白云，环境很不错，就是跳蚤、蚊子太多了，每天夜里它们成群结队扑到卫周祚的身上轮番吸血。

跳蚤、蚊子倒是吃得饱饱了，卫周祚却是**苦不堪言**，没几天就因为睡眠不足，熬成了"熊猫眼"。

这天吃完午饭，卫周祚躺在床上休息，刚要闭上眼睛，眼角的余光突然看到从屋外走进来一个小小人，在屋内盘旋着，时走时跑。

苦不堪言

因为某事或某人的困扰，有苦说不出。

小小人身高大约二寸，武士打扮，头戴野鸡翎，胯下一匹蚂蚱大的战马，胳膊上架着一只猎鹰，也只有苍蝇一般大小。

卫周祚凝神观看，忽然又有一个精神抖擞的小武士也走了进来，装束与前面进来的那个小人一模一样，腰间别着小小的弓箭，牵着蚂蚁大小的猎狗，在屋子里走来走去。

卫周祚屏住呼吸，生怕惊动了这两个小小人。

让我看看这里有没有蚊子苍蝇可以抓来吃！

大哥，情况怎么样？

又过了一会儿，步行的、骑马的小武士，乱纷纷地来了数百人，猎鹰也来了数百只，猎犬也有数百条，各个**威风凛凛**。

随着这几百个小小武士的涌入，屋子里的苍蝇、蚊子都被惊动了，它们仿佛遇到了天敌一般，吓得在屋子里乱飞乱撞。

小小武士们胳膊上的猎鹰，一个个盘旋飞舞，将这些苍蝇、蚊子都给杀死了。

而那些小猎犬们也没闲着，它们纷纷跳到床上，爬到墙缝里，把躲藏起来的跳蚤、臭虫也杀了个一干二净。

威风凛凛

形容一个人的声势或气派让人敬畏或恐惧。

卫周祚全程目睹了这场精彩的打猎过程，正当他以为就要结束的时候，从外面又进来一个国王模样的"大人物"，对方头戴平天冠，身穿黄袍，一副威风凛凛的样子，不慌不忙地在屋子里另外一张床上坐了下来。

再看那些武士们，纷纷向国王献上苍蝇、蚊子、跳蚤、臭虫……国王看过后，满意地点点头。过了一会儿，国王起身上了一辆小木车，向屋外驶去。

武士们急忙各自备鞍驾马，只见万马奔驰，马蹄声响似撒豆，马队带起地上的灰尘，使得整个屋子烟雾飞腾。不过没多大工夫，屋里就又恢复了平静。

卫周祚这时才敢起身查看，但那些小武士们早就无影无踪了。不过就在他一转身的时候，意外地发现一块墙砖上竟然还留下一只小猎犬。它似乎还没来得及撤退，这时正焦急地团团乱转。

卫周祚喜出望外，上前轻轻捉住了对方，然后小心翼翼地将它养在了放置砚台的木盒里。

让卫周祚高兴的是，小猎犬乖巧懂事，很快就适应了周围的环境。直到这时，卫周祚终于能仔细看看小猎犬的模样了。只见小猎犬身上长着细细的茸毛，脖子上还套着拴绳子的小圆环。

卫周祚担心它饿坏了肚子，就赶忙找来一粒米喂它。小猎犬用鼻子嗅了嗅就走开了。它跳上床，在衣缝间搜寻，把虮（jǐ）子、虱子全都咬死，随即又跳到匣里趴着，慢慢地闭上眼睛，睡着了。过了一宿，卫周祚本以为小猎犬已经走了，但一看，它仍然趴在那里。

就这样，小猎犬成了卫周祚的"暖心小保镖"，卫周祚喜欢它胜过价值连城的宝物。一天，卫周祚白天躺在床上睡着了，小猎犬偷偷地趴在他身旁。卫周祚醒来翻身时，不小心把它压在了腰底下。卫周祚感觉身下有什么东西，怀疑是小猎犬，急忙起身一看，发现它已经被压死了。卫周祚难过极了。不过自此以后，屋里再没有虫子了。

小猎犬，吃饱了吗？

微言大义

　　这篇小故事用极短的篇幅讲述了主人公的一段奇幻经历。故事中描写了一只温驯可爱的小猎犬，读来让人心生喜爱，不由得心向往之，要是身边也有这么一只小猎犬，是多么有趣啊！

学古文

山右卫中堂①为诸生时，厌冗扰，徙斋僧院。苦室中蟗虫②蚊蚤甚多，竟夜不成寝。

食后，偃息③在床。忽一小武士，首插雉尾，身高两寸许，骑马大如蜡④，臂上青鞲⑤，有鹰如蝇。自外而入，盘旋室中，行且驶⑥。公方凝注，忽又一人入，装亦如前，腰束小弓矢，牵猎犬如巨蚁。又俄顷，步者、骑者，纷纷来以数百辈，鹰亦数百臂⑦，犬亦数百头。

注释

① 山右，山西。以居太行山之右得名。中堂，内阁大学士的别称。

② 蟗虫：即臭虫，又名床虱。

③ 偃息：卧床休息。

④ 蜡：借作"蚱"，蚱蜢一类的小昆虫，俗称蚂蚱。

⑤ 青鞲：架鹰的护臂。

⑥ 驶：跑动。

⑦ 数百臂：数百只。臂，指停鹰的臂衣。

译文

　　山西人卫周祚大学士还是秀才的时候，厌倦事务繁杂，就搬进寺院中吃住。可是屋里臭虫、蚊子、跳蚤到处都是，卫周祚常常彻夜难以入睡。

　　一天吃完饭后，卫周祚躺在床上休息。忽然有一个身高两寸左右的小武士，头插雉尾，骑一匹蚂蚱大小的马，胳膊上套着青色的皮臂衣，上面有一只苍蝇那么大的猎鹰。他从外面进来，在屋内盘旋着，时走时跑。正当卫周祚凝神观看时，忽然又有一个小人进屋，装束与前一人一模一样，腰间带着小小的弓箭，手牵大蚂蚁那么大的一只猎犬。又过了一会儿，步行的、骑马的小武士，闹哄哄地来了数百人，猎鹰也有数百只，猎犬也有数百条。

古代的"山左""山右"以及"山南水北"和阴阳的关系

在古时候，山右、山左等地名都有特定的指代，当时的人们是依据什么划分的呢？

山右：因在太行山之右（西）而得名，是山西省旧时的别称。

山左：因在太行山之左（东）而得名，是山东省旧时的别称。

了解了"山右"和"山左"，接着我们再来看看什么是"山南水北"以及和阴阳的关系。

古时候人们认为"山南水北为阳，山北水南为阴"。这是因为太阳东升西落时，太阳光能照射到山的南面，但不能照射到山的北面，所以山南为阳，山北为阴。

山南的代表城市有贵阳、南阳等；山北的代表城市有华阴、山阴等。

从地形上看，中国地形呈西北高，东南低的特点，大江大河在流动时倾向东南方向，因此河的南岸较为容易受到河流的冲击与侵蚀，南岸湿，北岸相对干一些，因此说水北为阳、水南为阴。

水南的代表城市有江阴、汉阴等；水北的代表城市有洛阳、汉阳等。

皇帝的装束知多少

故事中"小人国"的国王，头戴平天冠，身穿黄袍，一副威风凛凛的样子。你知道什么是平天冠，什么是黄袍吗？

平天冠，又名通天冠，古代帝王（元、清两朝除外）上朝或重大活动时所戴的冠冕，样式为平顶状，前后有垂旒（liú）。

说完了平天冠，我们再来说一下黄袍。我们都知道，黄袍上绣有金龙，那是不是龙袍上只有金龙呢？

当然不是。以清代皇帝的龙袍为例，龙袍上除了金龙外，在一条条龙纹的中间，能工巧匠们还在上面绣有五彩云纹、蝙蝠纹、十二章纹等各色各样的吉祥图案。

五彩云纹是龙袍上较为重要的一种装饰图案，五彩云纹是吉兆的象征。那么红色蝙蝠纹又是什么呢？红色蝙蝠纹又叫红蝠，因为它的发音和"洪福"相同，有着美好的寓意，所以红色蝙蝠纹也是龙袍上比较常用的一种装饰图案。

如果仔细观察的话，在龙袍下摆的地方，还排列有一些代表深海的曲线，人们称它为水脚。水脚上面，还装饰有层层的海浪以及挺拔的岩石，代表着"福山寿海"的吉兆。

请阅读下面文言文，完成各小题。

蹑履外窥，渺无迹响。返身周视，都无所见，惟壁砖上遗一细犬。公急捉之，且驯。<u>置砚匣中，反复瞻玩，毛极细茸，项上有小环。</u>饲以饭颗，一嗅辄弃去。跃登床榻，寻衣缝，啮杀虮虱，旋复来伏卧。

1. 逮住了小猎犬后，卫周祚将它养在了什么地方呢？（　　　）

A. 抽屉里　　　　　　　B. 木箱子里

C. 砚台盒子里　　　　　D. 书柜里

2. 解释文中下列词语或短语的含义。

蹑履（　　　　　）　　　　周视（　　　　　）

瞻玩（　　　　　）　　　　啮杀（　　　　　）

3. 把画横线的句子翻译成现代汉语。

参考答案

1. C

2. 穿上鞋子；四处查看；欣赏逗玩；咬死

3. （卫周祚）把它放在砚台的匣子里，反复欣赏逗玩，见它的毛极细而且柔软，脖子上有个小环。